Contrôle Continu de

Christine MARIETAN-HASCOET
Jean-Paul VIDAL

TESTEZ VOTRE
ESPAGNOL

NIVEAU 1

Préparation
au Brevet des Collèges
Classes de 3e et de 2e
Formation permanente
Recyclage

Avec les corrigés

Bordas

© *BORDAS, Paris, 1987*

ISBN 2-04-018037-0

FRANCIA

Garona

Pirineos

Montes

TOLOSA

PAMPLONA

NAVARRA

ARAGÓN

CATALUÑA

BARCELONA

Río Ebro

ZARAGOZA

MAR MEDITERRÁNEO

I. de Menorca

I. de Mallorca

PALMA DE MALLORCA

I. de Ibiza

IBIZA

Islas Baleares

VALENCIA

VALENCIA

ALICANTE

MAR CANTÁBRICO

SAN SEBASTIÁN

ASTURIAS

LA CORUÑA

GALICIA

Cabo Finisterre

BURGOS

CASTILLA LA VIEJA

Río Tajo

CASTILLA LA NUEVA

MADRID

TOLEDO

ESPAÑA

SALAMANCA

Río Duero

EXTREMADURA

PORTUGAL

LISBOA

Cabo de S. Vicente

OCÉANO ATLÁNTICO

ANDALUCÍA

Río Guadalquivir

CÓRDOBA

GRANADA

ALMERÍA

SEVILLA

MÁLAGA

GIBRALTAR

CÁDIZ

OCÉANO ATLÁNTICO

Islas Canarias

Lanzarote

Fuerteventura

SANTA CRUZ DE TENERIFE

Tenerife

Las Palmas

Gran Canaria

La Palma

Gomera

Hierro

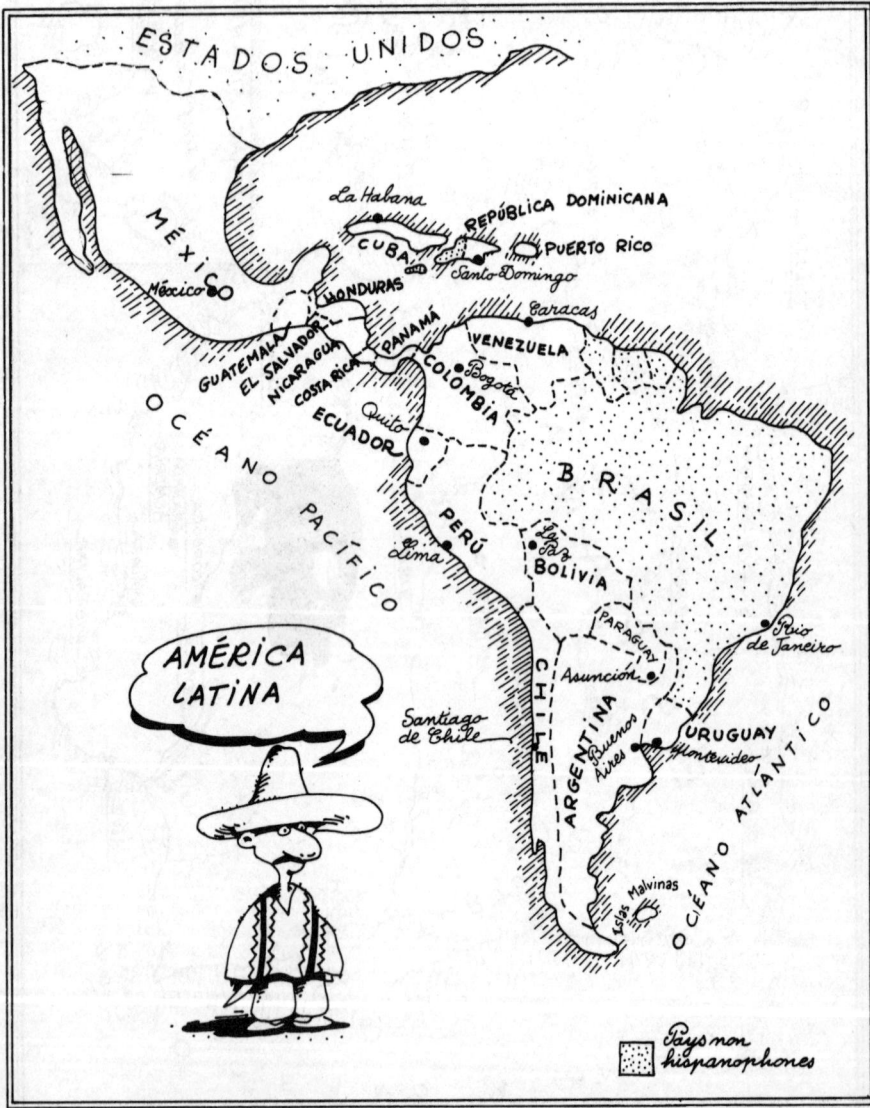

PRÉFACE

Le présent ouvrage s'adresse à tous ceux qui apprennent l'espagnol et désirent faire le point sur leurs connaissances dans cette langue.

Il est destiné plus particulièrement aux *élèves de 3ᵉ* et de *2ᵈᵉ*, à ceux qui préparent le *Brevet des Collèges,* ainsi qu'aux adultes en cours de *formation permanente.*

Cette brochure, qui ne prétend remplacer ni le manuel d'enseignement ni la grammaire ni les exercices d'entraînement, propose un large éventail de *tests,* variés tant par le sujet que par la forme : tests de compréhension globale à partir de textes accompagnés de questions, tests centrés sur un ou plusieurs points précis annoncés à l'avance, tests de vocabulaire apparentés au jeu des définitions-devinettes, tests plus « culturels » portant sur la géographie, l'histoire, les coutumes des pays du monde hispanique. Dans certains tests, cependant, nous avons voulu que l'étudiant dépasse ses connaissances en faisant, éventuellement, quelques recherches personnelles dans un dictionnaire, une grammaire ou une encyclopédie, pour vérifier tel ou tel point. On remarquera que les questions sont très souvent mélangées dans ces tests : ainsi, l'esprit, sollicité de diverses façons, doit-il rester constamment en éveil et bannir les automatismes.

Mode d'emploi

Tous ces tests sont auto-correctifs et peuvent être effectués soit dans l'ordre dans lequel ils vous sont proposés, soit dans l'ordre qui vous convient le mieux. Utilisez pour vos réponses la page même de votre livre. Quand votre exercice est entièrement terminé, consultez le corrigé et faites le compte de vos résultats corrects.

Evaluation des tests

1) Entre 80 et 100 % : votre niveau est satisfaisant.

2) Entre 60 et 80 % : nous vous conseillons de refaire le test après un certain laps de temps.

3) Votre score est inférieur à 60 % : soyez persévérant. Il est indispensable de revoir vos points faibles et de refaire, au besoin, plusieurs fois le test.

Nous vous souhaitons maintenant bon courage et nous vous conseillons de ne faire qu'un test à la fois en y consacrant le temps suffisant.

1

Adjectifs : synonymes et antonymes

A. Retrouvez, dans cet ensemble, les adjectifs synonymes.

1. rápido   2. inteligente   3. viejo   4. feliz   5. quieto

6. regular   7. bello   8. presente   9. aseado   10. famoso

11. actual   12. veloz   13. célebre   14. hermoso

15. anciano   16. tranquilo   17. dichoso   18. listo

19. mediocre   20. limpio

B. Choisissez, parmi ces 10 adjectifs, l'antonyme de celui qui est employé dans les phrases ci-dessous, en veillant à bien le mettre au genre et au nombre qui conviennent.

antiguo	bajo	estrecho	gordo	largo	limpio
oscuro	pesado	soltero	vacío		

1 En verano las noches son cortas y los días ....*largos*....

2 Sergio es alto. Claudia y Elena son ....*bajas*....

3 La botella está llena. El vaso está ....*vacío*....

4 Este paseo es ancho. Esta callecita es ....*estrecha*....

5 Este edificio es moderno. Esta iglesia es ....*antigua*....

6 El azul celeste es claro. El azul de Prusia es ....*oscuro*....

7 ¿ Está usted casada ? No, estoy ....*soltera*....

8 Esta mujer es delgada. Su marido es ....*limpio gordo*....

9 El aluminio es ligero. El plomo es ....*pesado*....

10 Estos zapatos están sucios. Esta camisa está ....*gorda limpia*....

Votre score : ....13.... × **5** = ...65.... %

7

2

Faut-il un **article** ? Dans l'affirmative, complétez ces phrases par celui qui convient : article défini, indéfini, contracté, neutre.

1 No me gusta .... color de tu vestido.

2 Hoy, hay huelga de .... taxistas.

3 Son .... once y media.

4 Voy .... colegio.

5 Es director .... Banco de Bilbao.

6 Sofia tiene un grano en .... nariz.

7 .... sangre corre por las venas.

8 Nunca probé .... calamares.

9 Mi padre acaba de comprar .... Renault.

10 Sólo bebe .... agua.

11 España exporta .... naranjas.

12 Bogotá es la capital de .... Colombia.

13 .... Sena pasa por París.

14 Recorrió toda .... España en moto.

15 La sequía es un problema muy agudo en .... España del Sur.

16 Habla con .... voz fuerte.

17 Tiene una casa en Ávila y .... otra en Segovia.

18 El Monte Blanco está en .... Alpes.

19 El tren llegó con .... media hora de retraso.

20 Este tocadiscos es muy bueno ; .... malo es que está averiado.

21 Volveré a .... casa a las 6 y media.

22 ¿ Está .... señor Álvarez ?

23 Buenos días, señora .... directora.

24 Me compré .... botas muy bonitas.

25 .... cómico es que no se daba ni cuenta.

Votre score : .... × **4** = ... %

3

Choisissez, parmi les trois formes proposées, celle qui vous semble satisfaisante.

El perro

Pedrito llevaba seis meses **pudiendo / preguntando / pidiendo** un perro a sus padres y ellos **se negaban / se negaron / se negaran**. Pero insistió tanto Pedrito que el día de su cumpleaños **fueron / iban / vinieron** los tres a las Ramblas **para que / por / para** escoger uno. Pedrito **fuera / era / estaba** la mar de contento. **Ha sido / Será / Fue** difícil decidirse. Por fin, **escogía / escogió / ha escogido** uno, color café con leche, **a quien / quien / que** le pareció **muy / mejor / mucho** mono. Su mamá le dijo : « **No te olvides / No olvidas / No olvida** de lo que prometiste ; lo **cuidarás / cuides / cuidas** tú ». Pedrito **estaba / será / era / Era** de acuerdo. **Se paró / Se paraba / Se parara** cada cinco metros para observar al animalito. **Fuera / Estaba** atento a todos sus movimientos. Le **encontró / encontraba / ha encontrado** muy divertido. **Decidió / Decidiría / Decidía** llamarlo Caramelo. Al principio le **prepararía / preparará / preparaba** la comida, lo **sacaba / sacó / sacara** varias veces al día. Pero cuando **llegaba / ha llegado / llegó** el invierno, Pedrito se **hacía / hizo / ha hecho** de rogar, **pues / después / por** tenía menos ganas de pasearse. Una vez, se quedó en el pasillo porque llovía a chorros y soltó al perro en la calle. Caramelo no **volvía. / volvió. / ha vuelto.** Pedrito se **pasaba / ha pasado / pasó** la noche acechando y llorando. Al día siguiente, fue a la perrera : entre todos los aullidos, conoció los ladridos de Caramelo. Se lo **ha llevado / llevaba / llevó** y se juró que nunca más **volvería / volverá / volvía** a soltarlo aunque **llovía / lloviese / lloverá** a cántaros.

Votre score : ...23...... × 4 = ...92.... %

9

4

Ces mots de liaison sont d'un emploi très courant. Choisissez, dans les 25 phrases suivantes, celui qui vous semble convenir.

a pesar de   como   con   e   o   pero   sin   sin embargo   sino   también   tampoco   u   y

1 Vive en Buenos Aires .... no es argentino.

2 Eduardo es alto .... su hermano.

3 No tiene coche .... una moto.

4 Este verano, pasaremos una semana .... dos en Suiza.

5 Se pasea siempre .... su perro.

6 Es difícil imaginar a Don Quijote .... Sancho Panza.

7 Miguel es grosero .... insolente.

8 Tiene un hermano en Uruguay .... otro en Chile.

9 Es muy simpático .... su mal genio.

10 No vive en Bilbao .... en Santander.

11 Encendió la tele .... mirar siquiera el programa.

12 Raúl no tiene televisión en casa y yo ....

13 El pueblo está a siete .... ocho kilómetros de aquí

14 ¡ Qué guapa estás .... tu vestido nuevo !

15 Este verano pienso ir a España y .... a Portugal.

16 Está muy ágil .... su edad.

17 A José Luis le gusta mucho el tenis. A mí ....

18 Estoy muy cansado ; ...., asistiré a la conferencia.

19 No me llamo Isabel .... Marta.

20 Tiene un perro .... dos gatos.

21 Estaba blanco .... el papel.

22 Laura se echó a reír y Mercedes ....

23 Me ha enviado una carta .... poner sello.

24 Hay que reservar las plazas .... una semana de antelación.

25 Este coche es rápido .... poco confortable.

Votre score : .... × **4** = ... %

5

Lisez le texte ci-après inspiré d'un article paru dans El País (16.04.1981).

El « éxodo » de Semana Santa

Alrededor de medio millón de madrileños abandonaron la capital a partir de las tres de la tarde de ayer con el fin de aprovechar las jornadas festivas de la Semana Santa. Aunque la mayor parte de la gente salió por carretera, no se produjeron atascos importantes ni tampoco se registraron accidentes graves. Las carreteras más concurridas fueron las de Andalucía y de Valencia. Los transportes colectivos, en especial trenes y aviones, salieron repletos de viajeros. Casi todas las plazas estaban reservadas desde hacía varias semanas.

A. Selon que chacune des dix affirmations suivantes vous semble, ou non, correspondre au texte, mettez une croix dans le colonne SÍ ou NO.

	SÍ	NO
1 La población actual de Madrid alcanza unos tres millones de habitantes.		
2 Son pocos los españoles que abandonaron la capital.		
3 El « éxodo » de los madrileños empezó a partir de las diez de la mañana.		
4 La mayoría de los madrileños salió en coche.		
5 Hubo muchos atascos.		
6 Se registraron numerosos accidentes de circulación.		
7 Las carreteras más concurridas fueron las de Galicia.		
8 La gente tomó dirección hacia el Sur y el Levante.		
9 Los trenes salieron casi vacíos.		
10 Muchas personas tomaron el avión.		

B. Complétez par un mot du texte chacune des phrases suivantes.

1 Tardamos mucho porque hubo un .... en la autopista.

2 El Talgo es uno de los .... más confortables de Europa.

3 Murió el año pasado en un .... de circulación.

11

4 Salamanca es la *capital* de la provincia del mismo nombre.

5 En las horas punta, los autobuses van siempre .... *repletos* de gente.

6 Son famosas las procesiones de .... en Sevilla.

7 Este viaje me costó .... diez mil pesetas.

8 Vamos a .... el buen tiempo para ir a la playa.

9 Este año, las fiestas estuvieron muy ....

10 Los domingos, mucha *gente* sale de paseo.

Votre score : ..... *13* ...... × 5 = ... *65* ..... %

6

Lisez jusqu'à la fin le récit suivant dans lequel un mot sur 5 a été supprimé. Puis complétez-le à l'aide des 25 mots ci-dessous présentés par ordre alphabétique.

a   confesarnos   conquistas   e   el   fue   haciendo   Le
llamado   miedo   nos   padre   parecía   pasar   propusimos
qué   reímos   se   submarino   tiempo   tuvimos   un
unos   vez   y

Este verano vino a *pasar* las vacaciones en casa *un* primo nuestro de Madrid *llamado* Manolo. Era muy cursi *y* bastante antipático. Nos dijo *que* practicaba la pesca submarina, *el* esquí acuático, que su *padre* tenía un yate y *nos* habló de sus numerosas *conquistas* femeninas. Un día, fuimos *a* la playa. Hacía un *tiempo* magnífico, muy caluroso. Manolo *parecía* sentirse a disgusto. En *vez* de bañarse con nosotras, *fue* a sentarse junto a *unos* chiquillos que se divertían *haciendo* flanes de arena. *Le* preguntamos por qué no *se* bañaba. Tardó mucho en *confesarnos* que no sabía nar *e* incluso que tenía mucho *miedo* al agua. ¡ Un pescador *submarino*! ¡ Un esquiador acuático ! Nos *reímos* mucho para adentro pero *tuvimos* lástima de él. Le *propusimos* finalmente jugar al voleibol.

Votre score : ..... *25* ...... × 4 ..... *100* ...... %

7

L'apocope (chute de la partie finale d'un mot) est très fréquente en espagnol. Choisissez, parmi les 25 formes ci-après (apocopées ou non) celle qui vous semble convenir à chacune des phrases suivantes.

Algunos	Algún	Bueno	Buen	Ciento	Cien
Cualquiera	Cualquier	Grande	Gran	Malo	Mal
Ninguno	Ningún	Primero	Primer	Recientemente	
Recién	Santo	San	Tanto	Tan	

1 Buenos Aires es una ciudad muy ......

2 Esta semana hizo un tiempo muy ......, frío y lluvioso.

3 El Ayuntamiento organizó una ...... fiesta en el parque.

4 Esta revista cuesta ...... pesetas.

5 Hoy es el día de mi ......

6 Cuando no ha dormido bien, se levanta de ...... humor.

7 ¿ Prefieres este disco o ése ? ...... de los dos.

8 Este jarabe es muy ...... para la tos.

9 Colón hizo su ...... viaje a América en 1492.

10 Dime una letra ......

11 Los ...... casados están haciendo su viaje de bodas.

12 En nuestro club, somos ...... veinte socios.

13 Creo que tuvo ...... disgusto con su jefe.

14 El 24 de junio es el día de ...... Juan.

15 No me imaginaba que hacía ...... calor en Andalucía.

16 Nunca tuvo un accidente : es un ...... conductor.

17 No se oía ...... ruido.

18 El día ...... de enero empieza un año nuevo.

19 ...... ha cumplido el chico siete años.

20 Ha vivido ...... tiempo en Guatemala.

21 Estaba ...... cansado que fui a acostarme sin cenar.

22 ...... aceptaron, otros no.

23 Tiene una ...... cantidad de sellos raros.

24 Un accidente puede ocurrir en ...... momento.

25 Tomás tiene muy ...... genio : se enfada siempre.

Votre score : .... × 4 = ... %

8

Choisissez le verbe qui convient : **ser** ou **estar**.

La fiesta de fin de año

La sala de gimnasia **estaba** / era llena de gente. Casi todos los padres, abuelos y hermanos **eran** / X estaban aquí. **Eran** / Estaban muy impacientes por ver a los niños. **Era** X / Estaba un momento alegre y solemne a la vez. La Señora Directora **era** / estaba muy bien peinada. **Era** / Estaba vestida con un traje color violeta. Aquel día, **era** / estaba sonriente y **era** / estaba muy amable. Generalmente no **era** / estaba así, se dijo Manuela. **Era** / Estaba la primera vez que la niña participaba en la fiesta de la escuela. **Era** / Estaba muy nerviosa. Su papel **era** / estaba muy importante y bastante largo. **Era** / Estaba difícil de recordar. Lo había estudiado mucho pero siempre **era** / estaba posible hacer un error. Ahora, **eran** / estaban actuando los alumnos del quinto B. Así que no **era** / estaba la hora todavía. Aquellos momentos de espera **eran** / estaban interminables. Manuela **era** / estaba mirando su disfraz de Dios Marte por última vez cuando irrumpió su profesora. « Pero, ¿ qué **era** / estaba haciendo ? ¿ No **era** / estaba lista ? ¡ Si ya **era** / estaba subido el telón ! ¡ **Era** / Estaba la única que faltaba ! ¡ Todo el mundo **era** / estaba esperándola !

Manuela **era** / estaba bañada en sudor, las piernas le flaqueaban. Sus dientes castañeteaban.

« Has **sido** / estado maravillosa » le dijo después Mamá, con su objetividad de madre.

Votre score : .... × 4 = ... %

14

9

Complétez les phrases suivantes au temps qui convient,

A. Avec le verbe **hacer.**
B. Avec le verbe **poder.**

A.

1 ¿ Qué estás .... ? Estoy leyendo.   *haciendo*

2 Cuando .... este viaje, me lo dirás.

3 Ella .... punto cuando se aburre.

4 Si pudiéramos, nunca .... errores.

5 No .... usted esto, no lo soporto.

6 Rafael, ... me el favor de dar la luz.

7 Hijos míos, ... lo que queráis.

8 ¿ Has .... los deberes para mañana ?

9 Siempre lo .... cuando era niño.

10 ¿ Cuando lo .... ustedes ? La semana pasada.

B.

1 Te aseguro que yo no ....

2 Haga lo que ....

3 Si ...., cambiaríamos el mundo.

4 Carmen ¿ .... hacerlo si yo te lo pidiese ?

5 No ha .... venir.

6 ¿ Se .... pasar ?

7 Venid cuando ....

8 No lo hicisteis porque no ....

9 Nosotros no .... irnos si se quedase solo.

10 .... venir en cuanto me lo pidas.

Votre score : .... × 5 = ... %

10

Quelle **préposition ?** Choisissez, dans les 25 phrases suivantes, la préposition qui vous semble convenir.

a   al   con   de   desde   en   para   por   sobre

1 Conchita lleva un paquete ..... la mano.

2 Quiero pastillas ..... la tos.

3 Me han regalado un reloj ..... cuarzo.

4 ¿ ..... qué piensas ?

5 ..... mí, es la mejor solución.

6 ¡ Qué no haría yo ..... ti !

7 Casi todos los domingos vamos ..... excursión.

8 ¡ Ven ..... mis brazos, hija mía !

9 Se pasó la mano ..... la frente.

10 Te estoy esperando ..... las seis.

11 Luis tiene una gran facilidad ..... los idiomas.

12 Es demasiado joven ..... hacer este trabajo.

13 Vendió el coche ..... cien mil pesetas.

14 Nunca se resignó ..... su suerte.

15 Se viste siempre ..... azul.

16 Van a construir una central nuclear ..... la costa cantábrica.

17 Está muy fuerte ..... su edad.

18 Le dio un beso ..... la frente.

19 Nati subió ..... su cuarto.

20 Tu piso es grande comparado ..... el mío.

21 ¿ ..... qué sirve este instrumento ?

22 Me he comprado un libro ..... los incas.

23 Un intérprete se acercó ..... los turistas.

24 ¡ Atención ! : Obras ..... 5 kilómetros.

25 Traducir este texto ..... español.

Votre score : .... × 4 = ... %

16

11

Rayez, dans chacune des phrases suivantes la partie soulignée ne correspondant pas au sens logique de la phrase.

1 Es perezoso, **le gusta/no le gusta** trabajar.

2 Es muy famoso, **nadie/todo el mundo** le conoce.

3 Es divertido, con él **te aburres/lo pasas bien.**

4 Es egoísta, **nunca/siempre** piensa en los demás.

5 Es formal, **se puede/no se puede** contar con él.

6 Es amable, **nunca/siempre** dice : ¡ Hola !

7 Está hambriento, **no quiere comer/se comería un pollo entero.**

8 Está enfermo, va a **pasearse/llamar al médico.**

9 Es interesante, todos **le escuchan/se aburren con él.**

10 Está contento, llora de **ira/alegría.**

11 Está asombrado, **ya lo sabía/no lo puede creer.**

12 Es cruel, **recoge los pájaros/mata los pájaros.**

13 Está casado, **no tiene mujer /su mujer es profesora.**

14 Es tonto, **lo comprende todo/no comprende nada.**

15 Es hábil, **sabe/no sabe** manejar el martillo.

16 Es eficaz, **podemos/no podemos** prescindir de él.

17 Es valiente, **no teme nada/le asustan las moscas.**

18 Es soltero, **su mujer se llama Carmen/vive solo.**

19 Es insoportable, todos **lo quieren/lo odian.**

20 Es cándido, **no cree nada/lo cree todo.**

21 Es desconfiado, **sospecha de todos/no sospecha de nadie.**

22 Es hipócrita, **dice/no dice** lo que piensa.

23 Está gordo, **no come nada/come demasiado.**

24 Está listo, **ya puede salir/no puede salir.**

25 Es aficionado al fútbol, **le gusta/no le gusta** el deporte.

Votre score : ..23...... × 4 = ... %

92%

17

12

Réunir ces phrases qui correspondent à des réalités historiques, géographiques du monde hispanique.

F	1 Bogotá es	**A.**	Cervantes
S	2 Cortés conquistó	**B.**	catalán
W	3 Los aztecas vivían	**C.**	en 1492
N	4 La capital de los Aztecas era	**D.**	roja y amarilla
	5 Andalucía se encuentra	**E.**	portugués
N	6 Los Incas vivían en	**F.**	la capital de Colombia
	7 Barcelona es	**G.**	de la Reconquista
Y	8 Los Mayas vivían	**H.**	en Castilla la Nueva
M	9 En el país vasco se habla	**I.**	México en 1510
	10 La bandera española es	**J.**	naranjas
B	11 Los catalanes hablan	**K.**	en México
L	12 Sevilla está	**L.**	en Castilla la Vieja
	13 Burgos está	**M**	vascuence
Q	14 Madrid está	**N.**	Tenochtitlan
X	15 Cristóbal Colón descubrió	**O.**	en 1936
I	16 Los Moros conquistaron	**P.**	Vizcaya
C	17 La Reconquista terminó	**Q.**	en Andalucía
O	18 La guerra civil española empezó	**R.**	la capital de Cataluña
E	19 En el Brasil se habla	**S.**	España en 711
G	20 El Cid fue un héroe	**T.**	torero
A	21 Don Quijote es un personaje de	**U.**	Rey de España
D	22 Bilbao es una ciudad de	**V.**	en el Sur de España
U	23 Juan Carlos es	**W.**	en el Perú
T	24 El Cordobés es	**X.**	América en 1492
J	25 España produce muchas	**Y.**	en Yucatán

Votre score : .... × **4** = ... %

13

Remettez dans l'ordre ces deux dialogues dont les éléments sont proposés ici dans le désordre. Inscrivez derrière les lettres de A à J les numéros qui vous semblent convenir.

A.

1 ¿ Uno negro ?
2 De Y, eso es. Pero ¿ cómo lo sabes ?
3 ¡ Qué contenta estoy !
4 ¡ Hola, Carlota ! ¿ Adónde vas ?
5 ¿ Qué te pasa ?
6 Negro, sí, con una bandolera.
7 A la comisaría.
8 Y con un cierre en forma de Y, ¿ verdad ?
9 He perdido el bolso.
10 Porque lo dejaste ayer en casa, mujer.

A. 4	B. 7	C. 5	D. 9	E. 1	F. 6	G. 8	H. 2	I. 10	J. 3

B.

1 Todo, mamá, todo.
2 Sí, quería ir al cine contigo.
3 Con gusto, mamá, pero es que no me encuentro bien.
4 Sabes, mamá, en realidad, tengo poquísima fiebre.
5 Un poco.
6 Sí, mejor. Pero dime, ¿ ha llamado Carlos ?
7 ¡ Oye, Rafael ! ¿ Me acompañas al supermercado ?
8 Si tienes fiebre, mejor quedarte en casa.
9 ¿ Algo te duele, hijo ?
10 ¿ Y tienes fiebre ?

A. 7	B. 3	C. 10	D. 5	E. 9	F. 1	G. 6	H. 2	I. 8	J. 4

9   1   10   5   8   6   2

Votre score : .....13..... × 5 = ...65.... %

19

14

Trouver à quel animal correspond chaque définition en notant, à la suite de chacune d'elle, la lettre qui précède le nom de l'animal choisi.

A. Conejo   **B.** Pollitos   **C.** Monos   **D.** Camello   **E.** Pato
F. Elefante   **G.** Puerco   **H.** Focas   **I.** León   **J.** Canario
K. Cigüeña   **L.** Gato   **M.** Perro   **N.** Canguro   **O.** Caballo
P. Vacas   **Q.** Delfín   **R.** Gallinas   **S.** Papagayo   **T.** Burro
U. Gallo   **V.** Mangostas   **W.** Zorro del desierto   **X.** Lobo
Y. Osos

1 Sin ellas, no comeríamos huevos.
2 Les encantan las zanahorias.
3 Donald es uno muy famoso.
4 Es un pájaro, pero habla.
5 Imitan a los hombres.
6 Salen de los huevos.
7 Tiene colmillos, muy largos.
8 Tiene la cola como un sacacorchos.
9 Él de Juan Ramón Jiménez se llamaba Platero.
10 El dromedario tiene una joroba, él tiene dos.
11 Lleva una melena y tiene fama de valiente.
12 Se dice que es el mejor compañero del hombre.
13 Es un pájaro amarillo que se suele ver en España.
14 Su matanza provocó un escándalo.
15 Es el rey del corral.
16 Luchan contra las serpientes.
17 En el Sahara, tiene un color claro de arena.
18 Se parece al pastor alemán, pero es mucho más peligroso.
19 A veces en los circos, van en bici.
20 Su agilidad en el agua nos deja asombrados.
21 En España, hay pocos quesos porque son escasas.
22 Tiene una manera muy especial de llevar su cachorro.
23 En España, hace su nido en los campanarios.
24 Es independiente y maulla.
25 Se suele decir que es la más hermosa conquista del hombre.

Votre score : .... × **4** = ... %

15

Complétez les phrases suivantes à l'aide d'un des mots **interrogatifs** ou locutions interrogatives ci-dessous :

Cómo   Cuál   Cuándo   Cuánto   Cuántas   Cuántos
Cuántas   veces   Dónde   Adónde   De dónde   Qué
A qué   De qué   Por qué   A quién   Quién   De quién
Con quién   Quiénes   A quiénes   De quiénes.

1 ¿ _Qué_ hora es ? — Son las cuatro menos veinte.

2 ¿ _Cómo_ se llama el pico más alto de los Andes ? — El Aconcagua.

3 ¿ _Dónde_ nació Cervantes ? — En Alcalá de Henares.

4 ¿ _Cuántas_ casas hay en este pueblo ? — Unas veinte.

5 ¿ _Cuándo_ cumplirás quince años ? — El mes que viene.

6 ¿ _Adónde_ irás a pasar el verano ? — A Torremolinos.

7 ¿ _De quién_ es esta película ? — De Carlos Saura.

8 ¿ _Qué_ te gusta más : esta foto o ésa ? — Ésa.

9 ¿ _Quién_ sucedió a Carlos VI ? — Fue Fernando VII.

10 ¿ _Por qué_ no me escribiste ? — Porque no tuve tiempo.

11 ¿ _Cuánto_ cuesta este traje de baño ? — Trescientas pesetas.

12 ¿ _Cómo_ tal has dormido ? — Muy bien.

13 ¿ _A quién_ estás escribiendo ? — A Conchita.

14 ¿ _De quién_ son estos discos ? — Son de José y Joaquín.

15 ¿ _De quién_ es esta bici ? — Es de mi hermana mayor.

16 ¿ _Cuántos_ años tienes ? — Tengo diez y seis años.

17 ¿ _De qué_ te estás riendo ? — De tu modo de vestir.

18 ¿ _De dónde_ proceden estas naranjas ? — De Valencia.

19 ¿ _A qué_ se dedica usted ? — Me dedico al periodismo.

20 ¿ _Cuál_ es la capital de Nicaragua ? — Managua.

21 ¿ _Con quién_ te gusta más bailar ? — Contigo.

22 ¿ _Cuándo_ fue usted a la montaña ? — Fui una sola vez, en invierno.

23 ¿ _Quiénes_ son estas chicas ? — Son mis primas.

24 ¿ _Cuánto_ son ocho por tres ? — Son veinticuatro.

25 ¿ _A quiénes_ otorgaron los premios ? — A los tres mejores alumnos del colegio.

Votre score : _22_ × 4 = _88_ %

16

Trouvez la réponse qui correspond à la définition.

1 La sidra es una bebida hecha a base de zumo de :
a. albaricoque   b. manzana   c. melocotón   d. naranja

2 La paella es una comida típica
a. aragonesa   b. andaluza   c. valenciana   d. madrileña

3 Una corrida se hace en una
a. playa   b. arena   c. plaza   d. calle

4 Las quinielas son
a. un instru-mento   b. un plato   c. una tómbola   d. un monumento

5 En la tortilla española se echa :
a. mantequilla   b. ajo   c. patatas y cebolla   d. tomates

6 La Vuelta es :
a. una prueba ciclista   b. una ciudad   c. una cantante   d. una actriz

7 El Mulhacén es :
a. un héroe   b. un pueblo   c. un palacio   d. un pico

8 El Guadalquivir es un río que pasa por :
a. Madrid   b. Barcelona   c. Sevilla   d. Zaragoza

9 La tortilla mexicana está hecha a base de :
a. huevos   b. patatas   c. maíz   d. cebolla

10 La tequila es :
a. un animal   b. una fruta   c. una bebida   d. un pájaro

11 El mate es una bebida
a. colombiana   b. mexicana   c. venezolana   d. argentina

12 La vicuña es :
a. una enfer-medad   b. un animal   c. un defecto   d. una fruta

13 Un indiano es :
a. un habitante de la India   b. un español que se hizo rico en América   c. un barco   d. un habitante de las selvas

14 España está dividida en :
a. departamentos   b. regiones   c. provincias   d. cantones

15 Un alcalde dirige :
a. una ciudad   b. un país   c. una fábrica   d. una región

16 El chicle es :
a. un país   b. goma de mascar   c. un perfume   d. un animal

17 Los gauchos viven en:
  a. **Venezuela**   b. **Argentina**   c. **México**   d. **Perú**

18 Los gauchos se dedican a:
  a. **recoger caucho** b. **cuidar**   c. **cultivar**   d. **recoger algodón**
                      animales

19 Un granizado es:
  a. **un dulce**   b. **una bebida**   c. **una comida**   d. **una flor**

20 El Greco fue:
  a. **un conquis-** b. **un pintor**   c. **un escritor**   d. **un filósofo**
   tador

Votre score : ......10...... × 5 = ...50........%

17

Lisez le texte suivant inspiré d'un fait divers paru dans La Vanguardia (22.02.1981) et répondez par SÍ ou par NO aux questions ci-
dessous en mettant une croix dans la colonne qui convient.

Entra en una zapatería, se calza unas botas y sale corriendo.

*Sobre las once de la mañana de ayer, Joaquín Pérez, sin domicilio
conocido, entró en la zapatería « El zueco de oro », situada en la
populosa calle de San Blas, indicando al dependiente que quería
probarse un par de botas. Dijo que calzaba un 42 y se probó varios
pares. Acabó optando por unas de cuero marrón que, una vez tuvo
puestas, le sirvieron para emprender una veloz e imprevista huida. El
empleado que le había atendido salió corriendo detrás del « cliente »
gritando : « ¡ al ladrón, al ladrón ! ». Un policía municipal, de servicio
en el momento de los hechos en la citada calle, muy concurrida a estas
horas, persiguió al hombre hasta conseguir alcanzarle. Tres hombres
ayudaron al policía a sujetar al ladrón que se rindió sin oponer
resistencia. Joaquín Pérez fue detenido y conducido a la comisaría.
Más tarde, fue trasladado a la Cárcel central.*

	SÍ	NO
1 El suceso ocurre por la mañana.		
2 Joaquín Pérez será un hombre viejo y rico.		
3 Tiene su dirección indicada en el carnet de identidad.		
4 J.P. es un parroquiano de la zapatería « El zueco de oro ».		

		SÍ	NO

 5 Algunos zuecos son de oro.

 6 Los zuecos se parecen a las sandalias.

 7 Se venden también mocasines en las zapaterías.

 8 Habrá muchas tiendas de lujo en la calle de San Blas.

 9 Al entrar en la zapatería, J.P. tiene el propósito de comprarse las botas.

10 J.P. no sabe qué número calza.

11 J.P. calza un 42.

12 J.P. elige sus botas sin vacilar.

13 J.P. escoge botas de cuero marrón.

14 Son botas para esquiar.

15 El « cliente » paga antes de salir de la tienda.

16 J.P. sale corriendo de la zapatería.

17 J.P. corre con los pies descalzos.

18 El dependiente atiende a otro cliente.

19 El empleado grita para llamar la atención.

20 El policía no hace caso de los gritos del empleado.

21 Hay poca gente en la calle.

22 El policía consigue dar alcance al ladrón.

23 J.P. pega al policía.

24 El policía pone en libertad a J.P. en el acto.

25 J.P. es conducido a la cárcel.

Votre score : .... × **4** = ... %

18

A qui s'adressent ces ordres ? Réunissez les phrases.

N.B. : Dans ce test, on fera concorder « *Compañeros* » avec la 1re personne du pluriel.

I.

A. Paquito	**1** Siéntese, por favor.
B. Señor Pérez	**2** Cantemos todos.
C. Señores	**3** Id por pan.
D. Niños	**4** Tente quieto.
E. Compañeros	**5** Cállense.

II.

A. Señora González	**1** Perdóneme.
B. Camarero	**2** Dense prisa.
C. Hijo mío	**3** Cállate.
D. Niños queridos	**4** Cóbrese, por favor.
E. Señores y Señoras	**5** Comed la sopa.

III.

A. Anita, hija mía	**1** Sentémonos.
B. Señor Director	**2** No se pierdan por la ciudad.
C. Compañeros	**3** Escúchame.
D. Señoras y Señores	**4** No se preocupe.
E. Niños	**5** No hagáis tonterías.

IV.

A. Pepito	**1** Vámonos.
B. Hijos míos	**2** Vete a casa.
C. Señorita Valdés	**3** Callaos.
D. Señoras y Señores	**4** Acuérdese.
E. Compañeros	**5** Siéntense.

V.

A. Compañeros   1 No se moleste.

B. Niños   2 No olvidemos a Pepe.

C. Doctor   3 No canséis a vuestra madre.

D. Javier   4 No te rías así.

E. Señores y Señoras   5 No se preocupen.

Votre score : .... × 4 = ... %

19

Choisissez, parmi les trois formes proposées, celle qui convient.

La televisión

José Luis **volvió / vuelvo / volvía** a casa con ganas de llorar, pero como le **acompañó / ha acompañado / acompañaba** una compañera de clase, **tengo / tendrá / tuvo** que reprimir sus lágrimas. Hoy **había estado / había sido / fue** un mal día para él. Primero, el profe de mates le **había / hube / hubo** interrogado. **Conocía / Conoció / Había conocido** la respuesta, pero en el momento de decirla, **este / aquel / ese** idiota de Javier le **hubo / había / habrá** soplado una tontería, y él se **equivocaba / equivocó / había equivocado**. Total, **había sacado / sacó / sacaba** una mala nota. **En saliendo / Saliendo / Al salir** de clase, **olvidó / ha olvidado / había olvidado** su rotulador en la mesa y no lo **había vuelto / volvió / volvía** a encontrar. Era como si se lo **hubieron / hayan / hubieran** robado. **Fue / Era / Estaba** un regalo de su hermanita y lo **quería / ha querido / quiso** más que a las niñas de sus ojos. **Ha merendado / Meriendo / Merendó**

26

sin ganas, y se **ha puesto / puso / ponía** a estudiar.

« Bueno, ¿ qué tal en la escuela » ? le **dijo / decía / digo** su padre durante la cena.

— Pues, **empiezo / empezó / empecé** a farfullar. Bueno ... es que ... sabes, **me ha pasado / me pasaba / me pasará** ...

— Sı, sí le interrumpió su padre. Me lo **decías / dirías / dirás** después, que ahora dan las

noticias en la Tele y quiero saber lo que **pasando / pasaba / ha pasado** en Australia. Después del

folletín y de la película del Oeste, le **decía / ha dicho / dijo** su padre : **Vas / Vete / Va** a dormir, que

ya es muy tarde. Buenas noches, hijo. »

Votre score : .... × 4 = ... %

20

Choisissez l'**adverbe** qui vous semble le mieux convenir à la phrase proposée.

1 No gana mucho, pero tiene
    a. demasiado
    b. bastante   para vivir con decencia.
    c. poco

2 Abrí el cajón : no había nada
    a. dentro.
    b. delante.
    c. detrás.

3 ¡ Frena ! ¿ No ves que hay un camión
    a. atrás ?
    b. adelante ?
    c. delante ?

4 ¿ Dónde hay una farmacia ? — Justo
    a. adelante.
    b. enfrente.
    c. encima.

5 Se veía un molino,
    a. allá
    b. acá   a lo lejos.
    c. ahí

6 El madrugador se levanta siempre
    a. pronto.
    b. en seguida.
    c. temprano.

7 Hoy es martes,
    a. antaño
    b. anteayer   era domingo
    c. ayer

8 Tuvo miedo y dio un paso
    a. atrás.
    b. detrás.
    c. adelante.

9 Tengo vértigo cuando miro para
    a. debajo
    b. abajo.
    c. bajo.

10 Es un hombre rutinario : se acuesta
    a. siempre
    b. a menudo   a las once y media.
    c. a veces

11 Fui
    a. entonces
    b. antes   a un guateque y volví a casa a las seis de la mañana.
    c. anoche

12
    a. Siempre
    b. Nunca   había bebido tequila antes de ir a México.
    c. Todavía

13 Me sorprende mucho que no haya llegado
    a. pronto.
    b. todavía
    c. entonces.

14 Ha venido
    a. hace poco
    b. dentro de poco   y se ha marchado en el acto.
    c. a veces

15 Cuando se llama a los bomberos, suelen venir
    a. despacio.
    b. en seguida
    c. temprano.

16 Había sol cuando,   **a. adrede**   **b. en seguida** empezó a llover.   **c. de repente**

17 ¿ Dónde vives ? Vivo   **a. acá,**   **b. arriba,** en una buhardilla.   **c. abajo,**

18 No puedes figurarte   **a. cuán**   **b. cuándo** sentí tu ausencia.   **c. cuánto**

19 No me gustan los toros. Sin embargo, voy   **a. de vez en cuando**   **b. muchas veces**   a ver una corrida.   **c. pocas veces**

20 ¡ Decisión irrevocable :   **a. en seguida**   **b. de repente**   no fumo más !   **c. de hoy en adelante**

Votre score : .... × 5 = ... %

21

Lisez d'abord attentivement cette histoire avant de répondre aux affirmations suivantes par SÍ, si vous êtes d'accord, ou par NO, si vous n'êtes pas d'accord, en mettant une croix dans la colonne qui convient.

El cow-boy de Carabanchel *

Cuando Eduardo salió del cine, fue deslumbrado por la luz aguda de aquella tarde de Junio. El calor, el ruido, el tráfico de la Gran Vía contrastaban con el ambiente del cine con aire acondicionado. Pero Eduardo se sentía tan anónimo entre la muchedumbre madrileña como en la sala oscura y eso le gustaba. Se dirigió hacia la Plaza de España, dudó un segundo y volvió atrás hacia la parada del autobús de Carabanchel. Se coló sin pagar y, cada vez que se paraba el autobús, temía que subiera un revisor a pedirle el billete. Llegó a casa a las seis, como solía hacerlo.

Buscó a su madre que estaba duchando a los hermanitos. Su madre le dio un beso rápido y siguió cuidando a los tres demonios. Eduardo anunció que iba a jugar a la calle y se fue silbando, intentando andar como Clint Eastwood. Seguía hundido en la película del Oeste que acababa de ver y empezó a imaginar que detrás de cada coche se escondía un Indio. Se movía con precaución, como si un enemigo invisible fuera a atacarle. Subió a una pared y quiso echarse abajo como los actores se lanzan sobre los caballos. Pero cayó en una piedra puntiaguda y se torció el tobillo. Empezó a gritar y a llorar. Intentó levantarse : le era imposible desplazarse.

Dos horas después, toda la familia, todos los vecinos estaban formando un corro en torno al herido que ostentaba una escayola, cuando llamaron a la puerta. Era un compañero del Colegio que quería saber si estaba malo ya que había faltado por la tarde. Se miraron los padres, cesó la compasión y nuestro cow-boy no supo qué contestar.

* Carabanchel est un faubourg populaire du Sud-ouest de Madrid.

	SÍ	NO
1 Eduardo vive en un pueblo.		
2 Eduardo pertenece a una familia numerosa.		
3 A Eduardo le gustan las películas románticas.		
4 Prefiere ir a la función de noche.		
5 Hace mucho frío : es el invierno.		

30

6 Eduardo es un alumno asiduo.

7 También es un chico puntual: siempre llega a casa a las seis.

8 A Eduardo le gusta la muchedumbre.

9 Prefiere estar con unos amigos.

10 Eduardo vive lejos del centro, en un suburbio.

11 Toma el tren de cercanías.

12 El billete le sale caro.

13 La madre de Eduardo está ocupadísima.

14 Eduardo tiene mucha imaginación.

15 Para imitar a los actores, sube a un árbol.

16 Al caer, se rompe el brazo.

17 Tiene que llevar una escayola.

18 Sus padres están inquietos y contrariados.

19 Sin quererlo, un compañero revela que Eduardo no estuvo en clase.

20 Eduardo tiene que admitirlo.

Votre score : .... × 5 = ... %

22

Choisissez, parmi les trois réponses, celle qui convient.

1 ¿ Tienes frío?
   a. Muy   b. Mucho   c. Ninguno

2 ¿ Adónde vas este verano?
   a. De vacaciones   b. En avión   c. A Mallorca

3 ¿ Cuántos chicos hay aquí?
   a. 21   b. Mucho   c. Mis compañeros

4 ¿ A qué hora sale el avión?
   a. A las 11   b. Hasta las 11   c. En Barajas

5 ¿ Ha venido alguién?
   a. Nada   b. Ningún   c. Nadie

6 ¿ Te gusta esquiar ?
a. **Mucho**   b. **A menudo**   c. **El invierno pasado**

7 ¿ Cuántos son 3 por 8 ?
a. **11**   b. **24**   c. **5**

8 ¿ Fuiste ya a Sevilla ?
a. **En Andalucía**   b. **El año próximo**   c. **Dos veces**

9 ¿ Le gusta esta canción ?
a. **Mucha**   b. **Mucho**   c. **Muy**

10 ¿ Qué diferencia hay entre estos dos amplificadores ?
a. **Ambas**   b. **Nunca**   c. **Ninguna**

11 ¿ Has dormido bien ?
a. **En la cama**   b. **Hasta las 8**   c. **Bastante bien**

12 ¿ De quiénes estáis hablando ?
a. **De Luis y Carlota**   b. **Del partido de fútbol**   c. **De Carmen**

13 ¿ Cuál es su dirección ?
a. **Al banco**   b. **Hacia el Sur**   c. **27, calle Luchana**

14 ¿ Quedan entradas para la corrida ?
a. **Ninguna**   b. **A las cinco de la tarde**   c. **En el ruedo**

15 ¿ Cómo está su esposa ?
a. **Más bien**   b. **Mayor**   c. **Mejor**

16 ¿ Por qué no compraste gambas ?
a. **Porque me gustan mucho** b. **Porque son muy caras** c. **Porque estaban muy frescas**

17 ¿ Dónde está la oficina de Correos ?
a. **Cerrada**   b. **Después de usted**   c. **Detrás de usted**

18 ¿ Le duele la garganta ?
a. **Un poco**   b. **Tampoco**   c. **Mal**

19 ¿ Queda lejos el Museo ?
a. **Bastante**   b. **Demasiado**   c. **Paseo del Prado**

20 ¿ Cuántos van de 6 a 9 ?
a. **54**   b. **3**   c. **15**

Votre score : ....20...... × 5 = ...100.... %

23

Complétez les phrases suivantes au temps qui convient,

A. Avec le verbe **saber.**
B. Avec le verbe **tener.**

A.

1 Elena no .... nadar : va a aprender.

2 Era el único del grupo que .... hablar alemán.

3 Te escribiré para que .... dónde estamos veraneando.

4 Nunca .... quién me había llamado por teléfono.

5 Si .... su dirección, iría a verle a su casa.

6 .... mañana si me suspendieron o no en el examen.

7 No ha venido todavía, al menos que yo ....

8 ¿ .... ustedes quién ganó el partido ?

9 Cuando .... que había salido el tren, tomamos el coche.

10 Me .... tu dirección de memoria. Te lo aseguro.

B.

1 Hace falta .... buenos reflejos para conducir en Madrid.

2 Anita .... los ojos azules : son muy bonitos.

3 Mañana .... que ir a buscar mi pasaporte.

4 .... decidido marcharme ahora.

5 Si .... dinero, haría un viaje a México.

6 .... un accidente y le han llevado al hospital.

7 ¿ Por qué te fuiste ? ¿ Es que no .... paciencia para esperar ?

8 ¡ .... cuidado ! A poco que te descuides, puede pillarte un coche.

9 Fue Carlos quien .... la idea.

10 Los viajeros no .... tiempo de llegar a la estación : ya había salido el tren.

Votre score : .... × 5 = ... %

Lisez attentivement cette histoire puis choisissez, dans chacune des vingt phrases proposées, la réponse **a b c** qui vous semble la plus satisfaisante.

Los Martí van a mudarse de domicilio

Jaime y Montserrat Martí viven en Bellvitge, populosa barriada al Sur de Barcelona. Ambos son naturales de un pueblecito de la provincia de Gerona donde suelen pasar las vacaciones. Hace siete años que están casados y ya tienen tres hijos : Javier, Vicente y Clara. Jaime trabaja, de contable, en una fábrica de muebles y Montserrat en el Banco Central, de secretaria. La madre de Montse, que vive con ellos desde la muerte de su marido, cuida de los niños.

Nunca los Martí se adaptaron a Bellvitge, al hacinamiento, al ruido, a los trayectos interminables entre el piso y la oficina. Han decidido, pues, mudarse de domicilio y comprar, a plazos, un piso (o un chalet) en una zona tranquila y bien comunicada de las inmediaciones de Barcelona, ya que en el centro los precios son demasiado elevados. Todos los días, leen la « Bolsa de la propiedad inmobiliaria » en La Vanguardia y miran, ilusionados, las innumerables publicidades ponderando la « inmejorable situación », la « calidad excepcional » de tal « magnífico conjunto residencial » o de chalets espléndidos « a precios muy, muy asequibles ».

El sueño dorado de Montse es un chalet « entre montaña y mar, a pocos minutos de Barcelona », con un jardín grande. Recuerda, siempre con emoción, su niñez en el campo, el huerto de sus abuelos y se ve ya podando rosales, plantando geranios o regando el césped. Jaime es muy aficionado al bricolage y al aeromodelismo. La perspectiva de vivir en una casa, con una pieza donde podría dedicarse tranquilamente a su « hobby » le parece muy atractiva. Además, le interesa tener un garaje para guardar el SEAT que acaba de comprar, de segunda mano. En cuanto a los niños, ni que decir tiene cuánto les ilusiona lo de « casa con un jardín ». Delante de Clara, que abre desmesuradamente los ojos, Vicente va repitiendo a su hermano : « En el jardín, tendremos un columpio. Papá va a comprarlo, me lo tiene prometido ».

1 Los Martí son   **a. gallegos.**
                   b. andaluces.
                   c. catalanes.

2 Jaime y Montserrat han nacido en   **a. el mismo pueblo.**
                                         b. dos pueblos vecinos.
                                         c. un suburbio de Gerona.

3 Gerona está al   **a. Sur**
                 b. Norte de Barcelona.
                 c. Este

4 Los Martí a. **piensan establecerse en**
　　　　　b. **nunca volvieron a** 　　su pueblo natal.
　　　　　c. **vuelven de vez en cuando a**

5 Los Martí tienen a. **tres chicas.**
　　　　　　　b. **una chica y dos chicos.** ✗
　　　　　　　c. **un chico y dos chicas.**

6 Jaime a. **fabrica muebles.**
　　　　b. **vende muebles.**
　　　　c. **trabaja en una oficina.**

7 Montse es un a. **apellido.**
　　　　　　b. **diminutivo.**
　　　　　　c. **apodo.**

8 Jaime y Montse confían a sus hijos a a. **los abuelos.**
　　　　　　　　　　　　　　　　b. **la abuela paterna.**
　　　　　　　　　　　　　　　　c. **la abuela materna.**

9 Los Martí viven a. **lejos**
　　　　　　　b. **cerca** 　del lugar donde trabajan.
　　　　　　　c. **al lado**

10 Los Martí piensan radicarse a. **en el centro**
　　　　　　　　　　　　b. **en las afueras** 　de Barcelona.
　　　　　　　　　　　　c. **a 15 kilómetros**

11 Los precios son a. **menos elevados en el centro que**
　　　　　　　b. **más elevados en el centro que** 　en las afueras.
　　　　　　　c. **tan elevados en el centro como**

12 La publicidad está redactada en un tono a. **matizado.**
　　　　　　　　　　　　　　　　b. **objetivo.**
　　　　　　　　　　　　　　　　c. **elogioso.**

13 Los anuncios dicen que los chalets son a. **carísimos**
　　　　　　　　　　　　　　　　b. **baratos.**
　　　　　　　　　　　　　　　　c. **bastante caros.**

14 Montse es a. **utópica**
　　　　　　b. **imaginativa.**
　　　　　　c. **realista.**

15 A Montse a. **le gusta**
　　　　　b. **no le gusta** 　el campo.
　　　　　c. **nunca le gustó**

16 En sus ratos de ocio, Montse piensa a. **hacer punto.**
　　　　　　　　　　　　　　b. **preparar platos regionales.**
　　　　　　　　　　　　　　c. **dedicarse a la jardinería.**

17 A Jaime le gusta a. **viajar en avión.**
　　　　　　　　b. **practicar el vuelo sin motor.**
　　　　　　　　c. **fabricar aviones de tamaño reducido.**

18 Jaime prefiere vivir en a. **un piso amueblado.**
　　　　　　　　　b. **una casa particular.**
　　　　　　　　c. **una vivienda de renta limitada.**

19 Los Martí a. **tienen coche.**
　　　　　b. **tienen un coche nuevo.**
　　　　　c. **no tienen coche.**

20 Al oír la conversación de sus hermanos, Clara queda a. **asustada.**
　　　　　　　　　　　　　　　　　　b. **asombrada.**
　　　　　　　　　　　　　　　　　　c. **impasible**

Votre score : .... × 5 = ... %

25

Imaginez la question qui peut être introduite par :

Cuándo	Cuántos	Cómo	Dónde	Adónde	De dónde
Qué	Por qué	Para qué	De qué	A quién	Con quién
De quién	Por quién	Para quién			

en reprenant, dans la question, le verbe de la réponse.

1 ¿ .... ? Los alumnos están sentados en la clase.

2 ¿ .... ? Van a España.

3 ¿ .... ? Llegué ayer por la tarde.

4 ¿ .... ? La madre está mirando a su hijo.

5 ¿ .... ? Este disco es para mi hermano.

6 ¿ .... ? Este coche es de su padre.

7 ¿ .... ? Vive en la calle de Atocha.

8 ¿ .... ? Saldrán de viaje mañana por la mañana.

9 ¿ .... ? Paco se parece mucho a su padre.

10 ¿ .... ? Este libro fue escrito por su tío.

11 ¿ .... ? El brasero sirve para calentar.

12 ¿ .... ? Este chico se llama Sergio.

13 ¿ .... ? Usted ha pedido un bocadillo de jamón.

14 ¿ .... ? Rafael y Andrés vienen de Burgos.

15 ¿ .... ? Jaime tiene dos hermanos.

16 ¿ .... ? El coche evitó al guardia.

17 ¿ .... ? Solemos escuchar el diario hablado.

18 ¿ .... ? Asunción está hablando con Carmen.

19 ¿ .... ? No vino porque está con gripe.

20 ¿ .... ? Suele ayudar a su hermana.

21 ¿ .... ? Va al colegio en bicicleta.

22 ¿ .... ? El castillo era del Duque.

23 ¿ .... ? Este avión va a Caracas.

24 ¿ .... ? Los huéspedes de la pensión se quejaban de la comida.

25 ¿ .... ? Se oye una canción.

Votre score : .... × **4** = ... %

26

Les propositions suivantes concernent le monde hispanique : certaines sont justes, d'autres sont fausses.

Répondez par SÍ ou par NO, en mettant une croix dans la colonne qui convient.

		SÍ	NO
1	Madrid es la capital de Andalucía.		
2	México está en América del Sur.		
3	Cuba es una isla.		
4	Buenos Aires es la capital de Brasil.		
5	El río Amazonas se encuentra en América del Norte.		
6	La Cordillera de los Andes se encuentra en América del Sur.		
7	Carlos Quinto fue rey de España.		
8	La horchata de chufa es una bebida española.		
9	Lorca era un poeta andaluz.		
10	Hay pumas en América del Sur.		
11	La Sierra Nevada está en Argentina.		
12	España produce muchos quesos.		
13	Una tapa es una bebida.		
14	El flamenco es un baile típico andaluz.		
15	Barcelona es un puerto del mar Cantábrico.		
16	Cristóbal Colón era italiano.		
17	El Generalife está en Granada.		
18	En Córdoba hay una mezquita.		
19	Las Cortes son un parque.		
20	Galicia está en el centro de España.		
21	La moneda mexicana es la peseta.		
22	Pancho Villa era chileno.		
23	Pizarro conquistó México.		
24	En Cuba, se produce mucha caña de azúcar.		
25	En la Tierra del Fuego, hace mucho calor.		

Votre score : ....16........ × 4 = ...64.... %

27

Choisissez, dans les vingt phrases suivantes, le **pronom personnel** qui convient.

1 Toma este libro : es un regalo para
  a. tú.
  b. te.
  c. ti.

2 Se marcharon todos salvo
  a. mí.
  b. yo.
  c. me.

3 Para
  a. se
  b. sí, esto no tiene importancia.
  c. él

4 El coche dio una vuelta sobre
  a. sí
  b. se mismo.
  c. él

5 Corrí tras de
  a. tú
  b. ti para alcanzarte.
  c. te

6 Juego al tenis mejor que
  a. te.
  b. tú.
  c. ti.

7 Para
  a. mí
  b. me, es imposible resolver este problema.
  c. yo

8 Carlota habla siempre de
  a. ella
  b. sí misma.
  c. se

9 Salí y cerré la puerta tras de
  a. me.
  b. yo.
  c. mí.

10 Jorge es muy egoísta : lo quiere todo para
  a. se.
  b. sí.
  c. él.

11 ¿ Dónde está Maite ? No
  a. la
  b. le veo.
  c. lo

12
  a. ¡ Te,
  b. ¡ Tú, cállate !
  c. ¡ Ti,

13 ¿ A qué hora
  a. vosotros
  b. se marcháis ?
  c. os

14 ¿ Le gusta esta pulsera ? Es un regalo para
  a. usted
  b. vosotros.
  c. ti.

15 ¿ Quién sacó las entradas ?
  a. los
  b. les sacó papá.
  c. las

16
  a. Les
  b. Las pregunté si eran catalanas o aragonesas.
  c. Los

17 Tengo la misma edad que
    a. ti.
    b. tú.
    c. te.

18 ¿ Quieren ustedes que
    a. los
    b. les lleve en mi coche ?
    c. os

19 Entre tú y
    a. me
    b. mí, no hay acuerdo posible.
    c. yo

20 El alcalde estaba sentado delante de
    a. nosotros.
    b. nos.
    c. nuestro.

Votre score : .... 5 × = ... %

28

El cumpleaños

Cuando su padre les anunció que iban a mudarse a Madrid, Anita se puso muy contenta y su hermano también. Pero se dio cuenta de que sólo vería a los abuelos durante las vacaciones y que no podría llevar allí ni al gato ni al conejo, porque iban a vivir en un piso, sin jardín como aquí, en Burgos. Y se sintió menos alegre. Se marcharon a fines de Agosto.

Anita llevaba ya dos meses en su nuevo Colegio y era muy amiga de Antonia Díaz. Ésta, la ayudaba en matemáticas y Anita le explicaba el francés. A veces, los profesores las reñían porque charlaban en clase. Un día, Antonia le preguntó si quería venir a un guateque que organizaba por su cumpleaños. También vendrían Pablo, Nati, Asunción, Teresa, Juan, Francisco y Javier.

Anita se estremeció un poco y dijo enrojeciéndose : ¿ Francisco ?

— Sí. Debes de conocerle. Vive en tu barrio. Es pelirrojo, con ojos verdes. Es casi campeón de tenis. Es un tío estupendo.

— Quizás. Pues, la verdad es que no veo muy bien quién puede ser. Pero le latía muy fuerte el corazón al aceptar la invitación. Cuando volvió de la fiesta, Mamá la ahogó de preguntas. ¿ Eran simpáticos los padres de Antonia ? ¿ Era grande su casa ? ¿ Había comido muchos pasteles ?

— ¿ Cómo ? ¿ Pasteles ? Sí, había montones y litros de naranjada.

— Así que lo has pasado bien.

— Sí, sí, muy bien.

¿ Cómo explicarle a Mamá que le importaban un pito los pasteles de la Señora Díaz ? Lo único que hubiera querido era bailar con Francisco, pero éste ni la había mirado. Toda la tarde había reído a carcajadas y charlado con esa idiota de Teresa.

Anita, dando el pretexto de los deberes para el día siguiente, se encerró en su habitación. Se dejó caer en la cama y se puso a llorar en silencio.

Répondez aux questions suivantes par SÍ ou par NO, en mettant une croix dans la colonne qui convient.

	SÍ	NO
1 Ahora Anita vive en Madrid.		
2 Antes, vivía en Barcelona.		
3 A Anita le gustan los animales.		

4 Anita quiere mucho a sus abuelos.

5 A Anita le gustan las matemáticas.

6 En Madrid, Anita vive en una casa con jardín.

7 Anita se lleva muy bien con Antonia.

8 También quiere mucho a Teresa.

9 Antonia estudia francés.

10 Antes del guateque, Anita no había visto nunca a Francisco.

11 A Anita le gusta este chico.

12 Anita lo ha pasado bien en casa de Antonia.

13 Llora porque no ha terminado la tarea para el día siguiente.

14 Anita no se lo dice todo a su madre.

15 Francisco es un chico moreno.

16 Anita es hija única.

17 La madre de Anita se interesa mucho por ella.

18 Conoce muy bien a los padres de Antonia.

19 A Francisco no le gustan los deportes.

20 Anita y Antonia son alumnas distraídas.

Votre score : .... × 5 = ... %

29

Complétez les phrases en utilisant les verbes indiqués. Revoir, si besoin est, la **concordance des temps.**

1	Insiste mucho para que la ... yo	encontrar
2	Me hubiera gustado que tú ...	venir
3	¿ La conocías ? No, nunca la ... ... antes.	ver
4	Cuando llegó a casa, ... de que había perdido la cartera.	darse cuenta
5	Cuando me lo dijo, no ... qué contestar.	saber
6	Te traigo este libro para que lo ...	leer
7	Solía pasearse con su perro, cuando ... bueno.	hacer
8	De niño, era ya muy independiente : no quería que yo le ...	ayudar
9	No creo que ... ahora.	venir
10	No pensamos que ... la pena.	valer
11	El profesor exigía que los alumnos lo ... de memoria.	saber
12	Solía llevarle al parque para que ...	divertirse
13	No quería que su hijo ... el camión.	conducir
14	Te lo digo para que se lo ...	repetir
15	Me hará visitar la comarca para que la ... mejor.	conocer
16	Exigen que los niños ... a las nueve en punto.	llegar
17	No le gusta que le ... los demás.	criticar
18	¿ Te gustaría que tu padre te ... una calculadora ?	traer
19	Cuando se acercaron los cazadores, ... las liebres.	huir
20	Sería mejor que la ...	acompañar
21	Vete y que no te ... nunca por aquí.	ver
22	No me gustaba que Jaime ... con él.	jugar
23	Insistió para que lo ... nosotros.	utilizar
24	Cuando lo vimos, no ... evitarlo.	poder
25	Me ofendería que usted ... sin aceptar este recuerdo.	irse

---

Votre score : .... × **4** = ... %

30

Choisissez dans les 25 mots ci-dessous classés par ordre alphabétique les 25 définitions qui leur correspondent en notant, à la suite de chaque définition, la lettre précédant le mot choisi. Une variante de ce test est de rechercher le mot défini sans utiliser la liste de départ.

A. Atascos   **B.** Avión   **C.** Aztecas   **D.** Bocadillo
E. Calculadora   **F.** Cohete   **G.** Diccionario   **H.** Dormir
I. Ficha   **J.** Guitarra   **K.** Inca   **L.** Ladrón   **M.** Mezquita
N. Nostalgia   **O.** Ojo   **P.** Pampa   **Q.** Paraguay   **R.** Polo
S. Sello   **T.** Semáforo   **U.** Sol   **V.** Tortilla   **W.** Teléfono
X. Tienda de campaña   **Y.** Viento.

1 Se pega en los sobres o en las postales

2 Se come en las excursiones o en los bares.

3 Son frecuentes en las carreteras durante el fin de semana.

4 País céntrico de América del Sur.

5 Lo que uno tiene ganas de hacer cuando está muy cansado.

6 Este imperio fue conquistado por Pizarro.

7 La de Córdoba fue transformada en catedral en el siglo XVI.

8 Medio de transporte muy rápido.

9 Nos da luz y calor ; es también la unidad monetaria del Perú.

10 Se utiliza para efectuar operaciones aritméticas.

11 Sentimiento que experimentan algunas personas en el extranjero.

12 Llanura extensa de Argentina y Uruguay.

13 Impulsa los barcos de vela.

14 Se vende en los puestos de helados.

15 Hace posible la comunicación en los teléfonos públicos.

16 Persona que coge lo que no le pertenece.

17 Se lanza al espacio.

18 Regula el tráfico en las calles.

19 Pueblo que vivía en México cuando llegó Cortés.

20 Se hace con huevos y es muy apreciada en España.

21 Es indispensable para hacer camping.

22 Buscamos en él las palabras que no conocemos.

23 Instrumento musical que acompaña a menudo a los cantantes.

24 Las cerraduras tienen uno.

25 Permite hablar con alguien a distancia.

Votre score : .... × 4 = ... %

31

Concordance des temps : mettez les verbes proposés au temps qui convient en tenant compte du temps de l'autre verbe. Remarquez les verbes à diphtongaison.

1 No creo que el niño .... leer todavía.   saber

2 .... él quien me abrió la puerta.   ser

3 Te prestaré mi bici cuando me la ....   pedir

4 Frenó y .... delante de la puerta.   detenerse

5 Raúl tiene una bici pero .... con una moto.   soñar

6 Cuando me acuesto tarde .... tarde también.   despertarse

7 — ¿ Está usted trabajando ?   leer

   — No, estoy .... el periódico.

8 Avíseme, señora, tan pronto como ....   llegar

9 Te ruego que ....   callarse

10 .... sol cuando desperté.   hacer

11 Me gustaría que ustedes .... a la ceremonia.   asistir

12 Se equivoca a menudo pero esta vez, quizás .... razón.   tener

13 El policía me pidió que le .... mi carnet de conducir.   enseñar

14 Recordaba la escena como si .... ayer.   ser

15 Si .... más, habrías aprobado el examen.   trabajar

16 Te ayudaremos mientras .... hacerlo.   poder

17 No sabía que usted .... a caballo.   montar

18 El chico sudaba como si .... tres kilómetros.   correr

19 Nuestro vecino nos dijo que .... de piso el año   mudarse
   próximo.

20 Mañana iremos de excursión aunque ....   llover

21 Me preguntó como yo ....   llamárse

22 Haré lo que tú ....   querer

23 Habla español como si .... muchos años en España.   vivir

24 ¡ Niños !, quiero que me .... si venís o no.   decir

25 Dígale que .... a vernos.   volver

Votre score : .... × **4** = ... %

32

Complétez, s'il y a lieu, les phrases suivantes à l'aide des **prépositions** :

con   de   en   para   para con.

1 No has pensado .... comprar pan.

2 Este país no participará .... la Copa Mundial.

3 Esta noche, he soñado .... Nati.

4 Paquito amenaza a su hermano .... un tenedor.

5 La casa verde es .... Pablo.

6 La Señora Pérez vive .... Madrid.

7 Puedes contar .... él.

8 Este hombre siempre cumplió .... su deber.

9 Carmen coge .... la mano a su hermanita.

10 El anciano se contentaba .... poco.

11 Cada día, Luisito da .... comer al gato.

12 La casa está adornada .... flores.

13 Era inadmisible la conducta del director .... sus empleados.

14 Este soldado nunca obedece .... las órdenes del capitán.

15 El cuadro cuelga .... dos clavos.

16 Andrés ha peleado .... su vecino.

17 El niño iba vestido .... vaqueros.

18 El profesor hablaba .... voz ronca.

19 Tropezó .... una piedra y se torció el tobillo.

20 Antonio, ten cuidado .... tu hermanita.

21 Voy a llegar tarde : no tengo tiempo .... desayunar.

22 Este chico es muy bueno .... las matemáticas.

23 Fuiste muy ingrato .... tu abuelo.

24 Con la jaqueca que tenía, no ha dormido .... toda la noche.

25 Iba de compras .... bicicleta.

Votre score : .... × **4** = ... %

33

Réunissez, dans chacun des cinq groupes de phrases suivants, les éléments qui correspondent logiquement.

I.

D 1 Tomaré mis vacaciones ...
E 2 Juan Carlos es rey de España ...
B 3 Visité la Alhambra ...
C 4 El Cid vivió ...
A 5 Voy al cine ...

A. ... de vez en cuando.
B. ... el año pasado.
C. ... en el siglo XI.
D. ... en cuanto terminen los exámenes.
E. ... desde 1975.

II.

B 1 Los cursos terminan ...
2 Bajó la cuesta ...
3 Por favor, contésteme ...
4 El tren no sale ...
5 Llegué aquí ...

A. ... lo más pronto posible.
B. ... dentro de un mes.
C. ... a toda velocidad.
D. ... hará una semana, mañana.
E. ... hasta las once y cuarto.

III.

C 1 Sus abuelos se marcharon a América ...
D 2 Pienso irme ...
E 3 Se despidió de sus amigos ...
B 4 Hemos comido ...
A 5 Se casó ...

A. ... con su vecina.
B. ... muy bien.
C. ... a principios de siglo.
D. ... mañana.
E. ... con emoción.

IV.

1 Hable más despacio, ...
2 Lina me ha causado buena impresión ...
3 Está muy ágil ...
4 Siempre toma una ducha ...
5 Habla más fuerte, ...

A. ... no te oigo.
B. ... antes de acostarse.
C. ... no le entiendo.
D. ... en cuanto la vi.
E. ... a pesar de su edad.

V.

1 Me gusta pasearme ...	**A.** ... porque hace frío ...
2 Está la chimenea encendida ...	**B.** ... yo tampoco.
3 Soy alto ...	**C.** ... conmigo.
4 No te enfades ...	**D.** ... y tú también.
5 No sabe tocar el violín ...	**E.** ... contigo.

Votre score : .... × **4** = ... %

34

Remettez dans l'ordre ces conversations téléphoniques, en indiquant derrière les lettres de A à J les numéros qui vous semblent convenir.

A.

1 ¡ Qué barbaridad ! ¿ Qué piensas hacer ?

2 Diga.

3 Soy yo, pero ¡ vaya una sorpresa ! ¡ Tú por aquí ! ¿ De dónde vienes ?

4 ¿ Está Lola ? Soy Carmen.

5 Ir al hospital para curarme.

6 ¡ Oiga !

7 ¡ No me digas ! ¿ Será posible ?

8 Estaba casada con el director del manicomio. Como no soportaba el ambiente, me caí enferma.

9 Oye. Hago una fiesta mañana. Ven a casa. Sabes ... cuantos más locos ... más regocijo.

10 Pues, fíjate, me pasé tres años en un hospital americano.

A.	B.	C.	D.	E.	F.	G.	H.	I.	J.

B.

1 ¿ Y Mamá ?

2 Soy yo.

3 Bueno ¡ hombre ¡ ¿ no me has llamado aquí para tener noticias de tu madre ?

4 ¡ Oiga ! Quisiera hablar con el Señor Director.

5 La salud es lo más precioso, ¿ verdad, Papá ?

6 Sabes lo ocupado que estoy. ¡ Por favor, sé breve, Fernando !

7 ¡ Hola, Papá !. Soy Fernando. ¿ Estás bien ?

8 ¡ Vaya por Dios !

9 Pues, me han suspendido en el Bachillerato, he atropellado a un guardia y he destrozado tu coche. Chao, Papá.

10 Pues, sí, muy bien ; hijo.

A.	B.	C.	D.	E.	F.	G.	H.	I.	J.

Votre score : .... × 5 .... %

35

A. Rayez, dans chacune des dix phrases suivantes, la partie soulignée ne correspondant pas au sens logique de la phrase.
B. Trouvez la suite logique des dix phrases suivantes dans le début
des phrases proposées en **A**.

A.

1 Tengo calor .... voy a **ponerme un jersey/quitarme la chaqueta.**
2 Tengo fiebre .... voy a **jugar al tenis/meterme en la cama.**
3 Tengo frío .... me apetece **un helado/una taza de caldo.**
4 Tengo hambre .... me gustaría **una pastilla de jabón/un bocadillo de jamón.**
5 Tengo miedo .... a las **golondrinas/víboras.**
6 Tengo prisa .... el avión sale dentro de cinco **días/minutos.**
7 Tengo razón .... **nunca me equivoco/me he equivocado.**
8 Tengo sed .... me gustaría una **naranjada/tortilla.**
9 Tengo sueño .... llevo dos días sin **comer/dormir.**
10 Tengo suerte .... me **han regalado una moto/ha atropellado una moto.**

B.

A Voy corriendo porque ....
B Pido auxilio porque ....
C Puedes creerme porque ....
D Voy a enchufar el ventilador porque ....
E En las rifas, me toca siempre un premio porque ....
F Tomo aspirina porque ....
G Enciendo la calefacción porque ....
H Esta Coca-Cola* me va a venir muy bien porque ....
I Se me cierran los ojos porque ....
J Voy a comprar churros porque ....

Votre score : .... × 5 = ... %

---

* *Coca-Cola est féminin en espagnol.*

36

Choisissez, dans les vingt phrases suivantes, le **relatif** qui convient.

1 El chico de
  a. cuyo
  b. quien te hablé ayer es chileno.
  c. que

2 Tenemos unos vecinos
  a. de quienes
  b. de los que hija mayor es azafata.
  c. cuya

3 En este club somos 20
  a. cuyos 6
  b. 6 de los cuales son franceses.
  c. del cual 6

4 ¿ Te acuerdas de Silvia
  a. de quien
  b. de la cual marido es arquitecto ?
  c. cuyo

5 Los chicos con
  a. quienes
  b. cuyos estaba charlando son mis primos.
  c. que

6 Colón mandaba tres carabelas
  a. de cuya una
  b. de que una se llamaba La Niña.
  c. una de las cuales

7 He recuperado una vieja bici de
  a. cuya
  b. la que nadie hacía uso.
  c. que

8 Fue Joaquín
  a. que
  b. quien me lo dijo.
  c. el cual

9 No supe
  a. qué
  b. lo que contestar.
  c. lo cual

10 Dime con
  a. quién
  b. qué saliste anoche.
  c. cual

11 ¿ A
  a. qué
  b. quién pediste permiso ?
  c. cual

12 El reglamento
  a. del cual
  b. del que usted se refiere ya no es válido.
  c. a que

13 El debate
  a. al cual
  b. al que participé era un rollo.
  c. en el que

14 El coche
  a. en que
  b. en el cual íbamos derrapó en la calzada húmeda.
  c. donde

15 Todo depende de
  a. lo que
  b. lo cual me va a decir el médico.
  c. que

16 Tuve que renunciar a este viaje a Venecia
    a. del que
    b. al cual   soñaba tanto.
    c. en el que

17 Raúl es un chico poco formal
    a. a quien
    b. de quien no me fío.
    c. al cual

18 Quiero saber
    a. quién
    b. cuál   es el que ha dicho esto.
    c. qué

19 Ahí viene tu hermano. ¿ Será él
    a. que
    b. a que   estabas esperando ?
    c. a quién

20 Había numerosos invitados
    a. de los que
    b. de los cuales   el alcalde.
    c. entre los cuales

Votre score : .... × 5 = ... %

37

Choisissez, parmi les trois termes proposés, celui qui convient.

Los « gamines » de Bogotá.

Ayer, **pusieron en** / **pusieran a** / **pondrían por** la Tele una película titulada « Los gamines de Bogotá ».

La profesora **nos** / **nuestros** / **nosotros** había recomendado que la **miramos** / **miremos** / **miraramos** para comentarla

después / **desde** / **detrás** en clase. Los « gamines » son niños que viven en las calles de la

capital **colombiana** / **venezolana** / **ecuatoriana** abandonados por sus familias **demasiado** / **demasiadas** / **demasiados** pobres

para mantenerlos. Desde chiquillos (algunos **además** / **apenas** / **demás** tienen siete años) van

preguntando / **pidiendo** / **pedido** limosna o, para ganarse **algún** / **alguno** / **algo** dinero, vendiendo cigarrillos de

contrabando o cantando en los autobuses. Otros roban los limpiaparabrisas de

los coches aparcados y **los** / **les** / **las** venden después. Para comer, se meten en los bares

esperando que **alguno** / **alguien** / **algunos** les **ofrece** / **ofrezca** / **ofreciera** algo comestible, o hurgan en los cubos de

la basura como si **eran** / **fueran** / **fueron** perros. Es un espectáculo que da pena **a ver.** / **de ver.** / **verlo.**

Duermen **sobre** / **encima de** / **en** la misma acera, hechos un ovillo para protegerse del

ruido / **frío** / **calor** nocturno. En el film, se **veía** / **veían** / **ven** « gamines » que se drogan **bebiendo** / **bebido** / **en bebiendo**

gasolina... Se han creado asilos para **estos** / **ellos** / **esos**, pero los « gamines » no quieren

renunciar a su libertad.

Votre score : .... × 5 = ... %

52

38

Réunissez les phrases pour en reconstituer l'ordre logique.

I.

A.	Cuando era joven	**1**	no les gusta el agua.
B.	A los gatos	**2**	cuyas ventanas son verdes.
C.	Te lo repito	**3**	que usted se equivoca.
D.	Vive en la casa	**4**	solía jugar al tenis.
E.	Le aseguro	**5**	para que no lo olvides.

II.

A.	Si lo permiten tus Papás	**1**	por lo de anoche.
B.	Tente quieto, Raúl,	**2**	¡ cómo no !
C.	Perdóneme	**3**	te llevaré al circo.
D.	¿ Me presta el periódico ?	**4**	no iría a esta fiesta.
E.	Si no fuera por él	**5**	que estoy cansada.

III.

A.	Cuando volvió al pueblo	**1**	con la hija de Manuel ?
B.	¿ Así que te has casado	**2**	que me pongan multas.
C.	¿ Por qué no contestaste	**3**	no cabe el coche.
D.	Me importa un pito	**4**	cuando te habló ?
E.	Aquí, no podemos aparcar	**5**	no lo conocí en seguida.

IV.

A.	A los perros	**1**	estoy con gripe.
B.	Mi hermano es el chico	**2**	que te gusta ese cantante.
C.	¿ Qué tal está usted ?	**3**	te has quedado en casa ?
D.	No me digas	**4**	les gusta roer huesos.
E.	¿ Así que hoy	**5**	del jersey azul marino.

V.

A. A ver, dime   1 no te lo preguntaría.

B. ¿ Por qué no lo dijiste   2 pero hace como si nada.

C. Si lo supiera   3 lo que ha pasado.

D. Está al corriente   4 para creerlo.

E. Hay que verlo   5 cuando lo supiste ?

Votre score : .... × **4** = ... %

39

Concordance des temps : complétez les phrases en mettant le verbe proposé au temps qui convient.

1 Había empezado a negar cuanto .... antes.   decir

2 Cuando yo la ...., estaba jugando al tenis.   ver

3 Si usted .... la limpieza, puede irse.   terminar

4 Era la primera vez que mordía el perro. Nunca lo   hacer
.... antes.

5 ¿ Qué hubieras hecho si te hubiera tocado el gordo ?   tener

¡ .... pesadillas para saber cómo emplearlo !

6 Te lo .... esta mañana y te lo vuelvo a repetir :   decir
¡ No, No y No !

7 No quería decir lo que .... por la tarde.   ver

8 Si ...., me lo puedes repetir ahora.   escuchar

9 Si no lo hubiera aceptado, me .... ofendido.   sentirse

10 Si no hubieras dormido en clase todo el año, no te   suspender
....

11 Es la primera vez que monto a caballo ; nunca ....   montar
antes.

12 Si no hubieran venido sus padres, Francisco ....   llorar

13 .... Concha quien lo encontró.   ser

14 Lo habríamos hecho si .... tiempo.   tener

15 Nosotros estamos trabajando mientras usted ....   divertirse

16 Si no me hubiera gustado, no lo ....   comprar

17 Lo siento, no puedo pagar : .... la cartera, hace   perder
poco.

18 .... de salir : volverá dentro de poco.   acabar

19 Habríais llegado antes, si no ....   extraviarse

20 El invierno pasado fue cuando él .... en la calle   caerse

---

Votre score : .... × 5 = ... %

40

Trouvez, parmi les quatre termes proposés, celui qui correspond à la définition donnée.

1 Traje usado para bañarse en una piscina, en el mar.
   a. bañera   **b.** bandera   **c.** bañador   **d.** baño

2 Torero a caballo armado con una garrocha.
   a. picadero   **b.** picador   **c.** banderillero   **d.** matador

3 Instrumento de cuerda que se toca con un arco.
   a. guitarra   **b.** arpa   **c.** banjo   **d.** violín

4 Pasar de un sitio a otro más alto.
   a. montar   **b.** levantar   **c.** subir   **d.** elevar

5 Órgano con el que se oye.
   a. oreja   **b.** ojera   **c.** oído   **d.** ojo

6 Indica la dirección.
   a. ante   **b.** hacia   **c.** hasta   **d.** ahora

7 Tela con que se cubre una mesa para comer.
   a. mantel   **b.** manta   **c.** mantilla   **d.** mantón

8 Ver una cosa a lo lejos.
   a. avisar   **b.** entrever   **c.** divisar   **d.** cobrar

9 Pendiente de un camino.
   a. cuesta   **b.** costa   **c.** costilla   **d.** costo

10 Tocar ligeramente algo.
   a. rociar   **b.** rozar   **c.** rondar   **d.** frotar

11 Torre con luz potente en la parte superior.
   a. farol   **b.** farola   **c.** foco   **d.** faro

12 Cada una de las divisiones del papel rayado.
   a. casita   **b.** casilla   **c.** caseta   **d.** casa

13 Asiento de una moto.
   a. sillín   **b.** sillón   **c.** sillar   **d.** silla

14 Parte de la pierna que se dobla.
   a. cadera   **b.** tobillo   **c.** muslo   **d.** rodilla

15 Quitar un número de otro.
   a. sumar   **b.** faltar   **c.** restar   **d.** sustituir

16 Lo que se come al final de las comidas.
   a. entremeses **b.** postre   **c.** desayuno   **d.** almuerzo

17 Se usan al principio y al final de una cita.
   a. comas   **b.** puntos   **c.** comillas   **d.** paréntesis

18 Recipiente de vidrio o de plástico para contener líquidos.
   a. botella   **b.** tazón   **c.** sartén   **d.** cuba

19 Pieza subterránea de una casa donde se guarda el vino.
  a. sótano   **b. cueva**   **c. vinagrera**   **d. bodega**

20 Desear que algo ocurra.
  a. pensar   **b. aguardar**   **c. esperar**   **d. vigilar**

Votre score : .... × **5** = ... %

41

Choisissez entre les trois réponses celle qui convient.

1 ¿ Cómo estás ?
  a. estuve en Madrid   **b. estoy en casa**   **c. muy bien**

2 ¿ Cuánto tiempo llevas aquí ?
  a. casi nunca llueve   **b. tres semanas**   **c. mañana por la tarde.**

3 ¿ Le sientan bien estos vaqueros ?
  a. no se sienten bien   **b. perfectamente**   **c. ¿ y usted ?**

4 ¿ A quién estás buscando ?
  a. sí, gracias   **b. al profe**   **c. mi bolígrafo**

5 ¿ Cuánto vale este bolso ?
  a. para poner libros   **b. tres mil pesetas**   **c. de cuero**

6 ¿ Qué estás mirando ?
  a. los niños en el patio   **b. con gafas**   **c. el arco iris**

7 ¿ Para qué sirve esto ?
  a. está roto   **b. se sirve frío**   **c. para pintar**

8 ¿ Por qué fumas ?
  a. porque me gusta   **b. cigarrillos**   **c. sí, cuesta caro**

9 ¿ Por qué trabajas aquí ?
  a. es muy duro   **b. necesito dinero**   **c. soy mecanógrafa**

10 ¿ Cuándo viste esta película ?
  a. la semana pasada   **b. con mi hermano**   **c. mañana**

11 ¿ Dónde y cuándo pasó ?
  a. aquí   **b. el año pasado en Madrid**   **c. en Italia**

12 ¿ Te gustan los pasteles ?
  a. no lo quiero   **b. engordan mucho**   **c. sí, muchísimo**

13 ¿ A qué hora sale el próximo tren para Burgos ?
  a. en la estación   **b. anoche**   **c. a las tres**

14 ¿ De dónde lo sacaste ?
a. esta mañana   b. del desván   c. para enseñártelo

15 ¿ Desde cuándo estás aquí ?
a. somos tres   b. desde las ocho   c. hasta mañana

16 ¿ Cuántos alumnos hay en la clase ?
a. no me gusta   b. demasiados   c. veintiseis horas

17 ¿ Cuándo la viste ?
a. dentro de tres días   b. anoche   c. en un café

18 ¿ A qué hora llegaste a clase ayer ?
a. con retraso   b. a las nueve y diez   c. con Paco

19 ¿ Dónde y con quién vive usted ?
a. en mi habitación   b. en el segundo piso   c. en París con mi marido

20 ¿ Cúal de los dos te gusta más ?
a. el negro   b. claro   c. cómo no

Votre score : .... × 5 = ... %

42

Choisissez, parmi les trois formes proposées, celle qui convient.

La verdad sospechosa.

— Cabo, por favor, haga pasar al testigo.
— A sus órdenes.

— **Siéntese** / **Siéntense** / **Sentaos** aquí mientras toman su declaración. Así que **vosotros os llamáis** / **usted se llama** / **ustedes se llaman** es

Gérardo Pérez y Gómez. **Su** / **Vuestra** / **Sus** profesión es maestro. No **sois** / **es** / **está** casado. A ver,

un robo **ha sido cometido** / **había sido cometido** / **fue cometido** en la noche del catorce al quince en el piso cercano

al **nos** / **vuestro** / **suyo**. **Han utilizado** / **Utilizaron** / **Hubieron utilizado** los ladrones una perforadora y usted no **oigo** / **oído** / **oyó**

nada. Me puede decir **quién** / **quiénes** / **cuáles** fueron sus ocupaciones **esta** / **aquella** / **ésa** noche?

— Pues sí, no **he hecho** / **hizo** / **hice** **ninguno** / **nadie** / **nada** especial. Me **quedé** / **quedo** / **quedó** en casa **mirando** / **en mirando** / **al mirar** la

Televisión ya que esperaba **algo** / **algún** / **a alguien**

— ¿ **Qué** / **A qué** / **A quién** esperaba ?
— A mi novia.
— ¿ **Qué** / **A qué** / **A quién** daban ?
— Bueno, no lo recuerdo.
— ¿ **De qué** / **Quién** / **A qué** se trataba ?

— Sabe, señor Comisario, **estoy** / **son** / **soy** muy distraído actualmente.

— Pero, ¿ no me puede decir **quién** / **cuál** / **cuáles** era el asunto ?

— En absoluto.

— Por lo menos, ¿ sabrá **quiénes** / **a quién** / **qué** eran los actores ?

— No soy fisonomista.

— Así que no puede citar ni **nada** / **uno** / **a uno**.

— No, no me acuerdo **a nadie** / **de nadie** / **nada**.

— Es muy difícil

a creer	Volvió
de creer.	Volvería
para creer	Volveré

a interrogarle.

Votre score : .... × 4 = ... %

43

Réunir ces phrases dans leur ordre logique.

I.

A. No la había visto   1   sin verte!

B. ¡ Cuánto tiempo llevo   2   en toda la noche.

C. No he dormido   3   desde hacía tres años.

D. Llovió sin cesar   4   desde hace dos horas.

E. Estamos esperando   5   durante ocho días.

II.

A. En entrando en su casa   1   acudieron los bomberos.

B. No hubiera venido   2   mientras trabajo yo.

C. Está durmiendo   3   antes.

D. Nunca había visto el mar   4   se dio cuenta del robo.

E. Por fin   5   si lo hubiera sabido.

III.

A. Llegará el médico   1   en cuanto pueda.

B. Esta mañana   2   no llovió en todo el verano.

C. Iremos a Huesca   3   por la tarde.

D. Aquel año   4   la semana que viene.

E. Solía jugar a los naipes.   5   el niño ha caído.

IV.

A. Al llegar a casa	**1** el año pasado.
B. Estaba segura	**2** en cuanto esté en la cama.
C. Fuimos a Italia	**3** al caer del caballo.
D. El niño se dormirá	**4** encontró a su primo.
E. Se rompió el brazo	**5** de que estaban mirando la Tele.

V.

A. Cuando venga a casa	**1** todos los niños van a la escuela.
B. Francisco I° y Carlos Quinto	**2** iba a pescar.
C. Hoy día, en Francia	**3** mis tatarabuelos trabajaban allí.
D. De vez en cuando	**4** lucharon durante años.
E. En aquel entonces	**5** le enseñaré un dibujo de Dalí.

Votre score : .... × **4** = ... %

44

Chacune des dix phrases suivantes est suivie de trois interpréta-
tions dont une seule est correcte. Indiquez-la en cochant **a. b.** ou **c.**

1 Benito es más alto que José Luis.
    a. Benito es un chico muy alto.
    b. José Luis es menos alto que Benito.
    c. José Luis es bajo y rechoncho.

2 Mari Carmen no canta tan bien como Márta.
    a. Mari Carmen tiene una voz muy fea.
    b. Mari Carmen y Marta cantan muy bien.
    c. Marta tiene una voz más bonita que la de Mari Carmen.

3 Anoche, estaba muy cansado después del partido de tenis.
    a. El partido de ayer me dejó hecho polvo.
    b. El tenis es el deporte más cansado que yo conozco.
    c. Estoy cansado de jugar al tenis.

4 Prefiero mi cámara a la tuya.
    a. Estoy muy satisfecho de mi cámara.
    b. Con mi cámara, no se sacan buenas fotos.
    c. Las fotos que tú sacas con tu cámara son mejores que las mías.

5 Fumar perjudica la salud.
    a. Fumar hace más daño a la salud que beber.
    b. Fumando, uno se estropea los pulmones.
    c. Fumar es bueno para la salud.

6 Como tenía mucho hambre, me compré unos churros.
    a. Suelo comprar churros cuando tengo hambre.
    b. Los churros alimentan mucho.
    c. Me compré unos churros, de tanta hambre que tenía.

7 Si voy al Norte de España este verano, visitaré las cuevas de Altamira.
    a. Las cuevas de Altamira están en el Norte de España.
    b. No dejaré de visitar las cuevas de Altamira cuando vaya a
    España.
    c. Visito las cuevas de Altamira cada vez que voy al Norte de
    España.

8 Hay cada vez más campesinos que van a buscar trabajo en las ciudades.
    a. Siempre los campesinos emigraron a las ciudades.
    b. Es muy difícil para los campesinos encontrar trabajo en las
    ciudades.
    c. Hoy, hay más campesinos que buscan trabajo en las ciudades
    que antes.

9 El mate es una bebida bastante amarga.
   a. El mate es un poco amargo.
   b. El mate es más amargo que el té.
   c. El mate es muy saludable.

10 En el Paraguay, mucha gente habla guaraní.
   a. Los paraguayos no hablan más que guaraní.
   b. El guaraní es una lengua muy difundida en el Paraguay.
   c. Los paraguayos no hablan español.

Votre score : .... × 10 = ... %

45

Choisissez, parmi les trois formes proposées, celle qui convient.

¡ Hasta la coronilla !

— ¡ **Oye / Oyes / Oiga** , Mamá ! Me **doy / soy / voy** .

— ¿ **Adónde / Dónde / En dónde** vas, hija ?

— Voy a bailar con la pandilla. Acaba de abrirse una nueva discoteca en la Casa de Campo y Antonio viene a recogerme en su moto.

— ¡ Dios mío, con lo **peligroso / peligrosa / peligrosas** que son estas máquinas ! **Es / Está / Eres** prudente tu amigo ?

— ¡ Sí, sí, no te **preocupes / preocupas / preocupa** , Mamá !

— Pero, ¿ quién es exactamente **este / esto / esta** chico ? ¿ Qué hacen sus padres ?

— ¿ Sus padres ? ¡ Yo qué **sé / soy / son** ! Antonio dice que son unos viejos roñosos.

— ¡ **Qué / Quién / Cúal** amable ! Uno más **quien / que / a quien** no comprenden, supongo ! Te lo digo, Elena, más vale criar conejos, son menos ingratos.

— ¡ Otra vez con eso, Mamá ! **Doy** / **Soy** / **Estoy** harta de tus alusiones y de tus quejas.

Vosotros, los mayores, sólo **sabemos** / **sabéis** / **saben** quejaros.

— ¿ Quizás tengamos de qué ?

— ¡ Por supuesto ! ¿ Pero te **crías** / **creas** / **crees** que nosotros **éramos** / **estamos** / **somos** felices ?

— Bueno, más que nosotros cuando **habíamos** / **hubimos** / **teníamos** vuestra edad ! ¡ Eso sí ! A **yo** / **mí** / **mío**
no me **hubieran** / **hubieron** / **habían** dejado salir con un golfo motorizado y además pintada como
una muñeca rusa. ¿ Te has mirado en el espejo ? De todos modos, no se
planteaba el problema porque nos moríamos de hambre.

— ¡ Huy, no, por favor ! ¡ No me **vengas** / **vienes** / **ven** con ésas ! No me vas a contar lo del
36, del abuelo fusilado, de los bombardeos ... ¡ Basta ya con el pasado ! Y
además, no **estamos** / **seremos** / **somos** responsables los jóvenes de vuestros errores. Nosotros
nunca / **todavía** / **siempre** hubiéramos soportado a Franco durante cuarenta años.

— Eso es **demasiado** / **demasiada** / **demasiados** . ¡ **Callas** / **Calla** / **Calles** , inconsciente !

— Me largo, Mamá, no puedo más. La verdad es que no comprendes
ninguno / **nadie** / **nada** . En cuanto **pueda** / **puedo** / **podré** , me iré de casa. A propósito, Mamá, ¿ me puedes
dar quinientas pesetas para que **saque** / **saco** / **sacara** la entrada en la Discoteca ?

Votre score : .... × 4 = ... %

46

Voici dix portraits de personne, d'animal ou de chose. Lisez attentivement chaque description et devinez de qui ou de quoi il s'agit. Répondez en espagnol !

1 Mi lentitud es proverbial. Llevo mi casa a cuestas. Me gusta la lechuga. Algunos aprecian mi carne (otros no). Tengo cuernos con ojos.

2 Nací en la América tropical. Ahora vivo también en los países templados. Me pongo colorado al sol. Los italianos dicen que soy de oro.

3 Viví en el siglo XV. Tenía un compañero un poco bestia pero muy fiel y una novia que encontraba la más bella de todas las mujeres. Conozco muy bien Castilla la Nueva.

4 Soy delgada con una cabeza de hierro. Mi oficio es hacer sufrir a un animal muy bruto. A veces, estallo.

5 Hice, con dos hermanas mías, un viaje muy largo en el siglo XV. Los mapas del mundo cambiaron entonces. Un descendiente vive hoy en el puerto de Barcelona.

6 Soy un edificio de forma un poco rara. Tengo familia en México y en África. Mis hermanos africanos tienen un compañero muy curioso, con cara humana y cuerpo de león.

7 Soy de madera y me llevo muy bien con los jóvenes. Una hermana mía es metálica, muy flaca y, a mi juicio, muy fea. Un poeta me comparó con un « corazón » lastimado por « cinco espadas ». ¡ Qué cosas tienen los poetas !

8 Tengo la cara muy pálida. Muchos hombres soñaron conmigo. Un día, vinieron a verme dos tipos con trajes curiosos. Me quedé fría.

9 Mi familia va multiplicándose a un ritmo endemoniado. Los hombres (y las mujeres) dicen que no pueden prescindir de nosotros. Sin embargo, nos maltratan y nos obligan a correr siempre.

10 Soy muy bruto, lo reconozco. Pero esa razón no es bastante, a mi parecer, para justificar la crueldad de los hombres para con mis hermanos. ¿ Por qué nos matan de una manera tan horrible ? ¡ Y en público !

Votre score : ....× 10 = ... %

VERBES IRRÉGULIERS NON CLASSÉS

Infinitivo	Presente de Indicativo	Imperativo	Presente de Subjuntivo	Futuro de Indicativo
ANDAR				
CABER	quepo, cabes		quepa	cabré
CAER	caigo, caes		caiga	
DAR	doy, das		dé	
DECIR	digo, dices	di	diga	diré
ERGUIR	yergo, yergues		yerga	
HACER	hago, haces	haz	haga	haré
IR	voy, vas	ve	vaya	
OIR	oigo, oyes	oye	oiga	
PODER	puedo, puedes		pueda	podré
PONER	pongo, pones	pon	ponga	pondré
QUERER	quiero, quieres			querré
SABER	sé, sabes		sepa	sabré
SALIR	salgo, sales	sal	salga	saldré
TRAER	traigo, traes		traiga	
VALER	valgo, vales	vale	valga	valdré
VENIR	vengo, vienes	ven	venga	vendré
VER	veo, ves		vea	

VERBES AUXILIAIRES

Infinitivo	Presente de Indicativo	Imperativo	Presente de Subjuntivo	Futuro de Indicativo
SER	soy, eres, es	sé	sea	
ESTAR	estoy, estás	está	esté	
HABER	he, has, ha		ha	habré
TENER	tengo, tienes	ten	tenga	tendré

Seules les formes irrégulières sont mentionnées

Imperfecto de Indicativo	Pretérito	Imperfecto de Subjuntivo	Gerundio	Participio pasado
	anduve	anduviera, iese		
	cupe	cupiera		
	cayó, cayeron	cayera	cayendo	
	di, dio	diera		
	dije	dijera	diciendo	dicho
	irguió, irguieron	irguiera	irguiendo	
	hice, hizo	hiciera		hecho
iba	fui	fuera	yendo	
	oyó, oyeron	oyera	oyendo	
	pude	pudiera	pudiendo	
	puse	pusiera		puesto
	quise	quisiera		
	supe	supiera		
	traje	trajera	trayendo	
	vine	viniera	viniendo	
veía		viera		visto
era	fui	fuera		
	estuve	estuviera		
	hube	hubiera		
	tuve	tuviera		

CORRIGÉS

1

A. **1.** et **12.** ; **2.** et **18.** ; **3.** et **15.** ; **4.** et **17.** ; **5.** et **16.** ; **6.** et **19.** ; **7.** et **14.** ; **8.** et **11.** ; **9.** et **20.** ; **10.** et **13.**

B. **1.** largos ; **2.** bajas ; **3.** vacío ; **4.** estrecha ; **5.** antigua ; **6.** oscuro ; **7.** soltera ; **8.** gordo ; **9.** pesado ; **10.** limpia.

2

1. el ; **2.** los ; **3.** las ; **4.** al ; **5.** del ; **6.** la ; **7.** la ; **8.** — ; **9.** un ; **10.** — ; **11.** — ; **12.** — ; **13.** El ; **14.** — ; **15.** la ; **16.** — ; **17.** — ; **18.** los ; **19.** — ; **20.** lo ; **21.** — ; **22.** el ; **23.** — ; **24.** unas ; **25.** Lo.

— signifie : ne se traduit pas.

De nombreux mots n'ont pas le même genre en français et en espagnol (ainsi, les noms de fleuves, de montagnes et de mers sont-ils masculins; également les noms de voitures (n° 9), car on sous-entend le mot masculin *coche* : *un Peugeot, un Fiat,* etc.). En avez-vous tenu compte dans le choix de l'article? Cet exercice porte, d'autre part, sur les cas d'omission de l'article en espagnol et sur l'emploi de l'article neutre *lo.*

3

pidiendo ; se negaban ; fueron ; para ; estaba ; fue ; escogió ; que ; muy ; no te olvides ; cuidarás ; estaba ; se paraba ; estaba ; encontraba ; decidió ; preparaba ; sacaba ; llegó ; hizo ; pues ; volvió ; pasó ; llevó ; volvería ; lloviese.

* Attention à ne pas confondre *pedir/preguntar* ; *tener/haber* ; *ser/estar.*

* *aunque + indicatif* = bien que.
  aunque + subjonctif = même si.

4

1. pero ; **2.** como ; **3.** sino ; **4.** o ; **5.** con ; **6.** sin ; **7.** e ; **8.** y ; **9.** a pesar de ; **10.** sino ; **11.** sin ; **12.** tampoco ; **13.** u ; **14.** con ; **15.** también ; **16.** a pesar de ; **17.** también ; **18.** sin embargo ; **19.** sino ; **20.** y ; **21.** como ; **22.** también ; **23.** sin ; **24.** con ; **25.** pero.

* Rappelez-vous : o devient u devant un o (ou ho)
                   y devient e devant un i (ou hi)

5

A. 1. SÍ ; **2.** NO ; **3.** NO ; **4.** SÍ ; **5.** NO ; **6.** NO ; **7.** NO ; **8.** SÍ ; **9.** NO ; **10.** SÍ.

B. 1. atasco ; **2.** trenes ; **3.** accidente ; **4.** capital ; **5.** repletos ; **6.** Semana santa ; **7.** alrededor de ; **8.** aprovechar ; **9.** concurridas ; **10.** gente.

6

.... pasar .... un .... llamado .... y .... que .... el .... padre .... nos .... conquistas .... a .... tiempo .... parecía .... vez .... fue .... unos .... haciendo .... Le .... se .... confesarnos .... e .... miedo .... submarino .... reímos .... tuvimos .... propusimos.

7

1. grande ; **2.** malo ; **3.** gran ; **4.** cien ; **6.** santo ; **7.** Ninguno ; **8.** bueno ; **9.** primer ; **10.** cualquiera ; **11.** recién ; **12.** ciento ; **13.** algún ; **14.** san ; **15.** tanto ; **16.** buen ; **17.** ningún ; **18.** primero ; **19.** Recientemente ; **20.** algún ; **21.** tan ; **22.** Algunos ; **23.** gran ; **24.** cualquier ; **25.** mal.

* Les adjectifs proposés dans ce test s'apocopent, c'est-à-dire perdent leur voyelle ou leur syllabe finale lorsqu'ils sont placés *devant* un nom.
* *Santo* s'apocope en *san* devant les noms de saints sauf *Domingo, Tomás, Tomé* et *Toribio* où il garde sa forme *santo*.
* *Ciento* devient *cien* devant un nom et devant *mil*.
* *Recientemente* devient *recién* devant un participe passé.

8

estaba ; estaban ; estaban ; era ; estaba ; estaba ; estaba ; estaba ; era ; era ; estaba ; era ; era ; era ; estaban ; era ; eran ; estaba ; estaba ; estaba ; estaba ; era ; estaba ; estaba ; estado.

* Le choix entre *ser* et *estar* est toujours délicat ! Il convient, pour faire cet exercice, d'en revoir l'emploi, si nécessaire.

9

A. 1. haciendo ; **2.** hagas ; **3.** hace ; **4.** haríamos ; **5.** haga ; **6.** haz ; **7.** haced ; **8.** hecho ; **9.** hacía ; **10.** hicieron.

B. 1. puedo ; **2.** pueda ; **3.** pudiéramos ; **4.** podrías ; **5.** podido ; **6.** puede ; **7.** podáis ; **8.** pudisteis ; **9.** podríamos ; **10.** Podré.

* Attention ! A. 6. *Hazme* en un seul mot. A l'impératif (comme à l'infinitif et au gérondif), le pronom complément se place après le verbe et se soude à lui.

10

1. en ; **2.** para ; **3.** de ; **4.** En ; **5.** Para ; **6.** por ; **7.** de ; **8.** a ; **9.** por ; **10.** desde ; **11.** para ; **12.** para ; **13.** por ; **14.** con ; **15.** de ; **16.** en ; **17.** para ; **18.** en ; **19.** a ; **20.** con ; **21.** Para ; **22.** sobre ; **23.** a ; **24.** en ; **25.** al.

11

1. no le gusta ; **2.** todo el mundo ; **3.** lo pasas bien ; **4.** nunca ; **5.** se puede ; **6.** siempre ; **7.** comería un pollo entero ; **8.** llamar al médico ; **9.** todos le escuchan ; **10.** alegría ; **11.** no lo puede creer ; **12.** mata los pájaros ; **13.** su mujer es profesora ; **14.** no comprende nada ; **15.** sabe ; **16.** no podemos ; **17.** no teme nada ; **18.** vive solo ; **19.** lo odian ; **20.** lo cree todo ; **21.** sospecha de todos ; **22.** no dice ; **23.** come demasiado ; **24.** ya puede salir ; **25.** le gusta.

12

1. F ; **2.** I ; **3.** K ; **4.** N ; **5.** V ; **6.** W ; **7.** R ; **8.** Y ; **9.** M ; **10.** D ; **11.** B ; **12.** Q ; **13.** L ; **14.** H ; **15.** X ; **16.** S ; **17.** C ; **18.** O ; **19.** E ; **20.** G ; **21.** A ; **22.** P ; **23.** U ; **24.** T ; **25.** J.

13

A. **A.** 4 ; **B.** 7 ; **C.** 5 ; **D.** 9 ; **E.** 1 ; **F.** 6 ; **G.** 8 ; **H.** 2 ; **I.** 10 ; **J.** 3.
B. **A.** 7 ; **B.** 3 ; **C.** 9 ; **D.** 1 ; **E.** 10 ; **F.** 5 ; **G.** 8 ; **H.** 6 ; **I.** 2 ; **J.** 4.

 * « *poquísima fiebre* » : pensez à utilisez les superlatifs en — *ísimo, a.* Ici, le c de *poco* s'est transformé en qu pour conserver la prononciation.

14

1. R ; **2.** A ; **3.** E ; **4.** S ; **5.** C ; **6.** B ; **7.** F ; **8.** G ; **9.** T ; **10.** D ; **11.** I ; **12.** M ; **13.** J ; **14.** H ; **15.** U ; **16.** V ; **17.** W ; **18.** X ; **19.** Y ; **20.** Q ; **21.** P ; **22.** N ; **23.** K ; **24.** L ; **25.** O.

15

1. Qué ; **2.** Cómo ; **3.** Dónde ; **4.** Cuántas ; **5.** Cuándo ; **6.** Adónde ; **7.** De quién ; **8.** Cuál ; **9.** Quién ; **10.** Por qué ; **11.** Cuánto ; **12.** Qué ; **13.** A quién ; **14.** De quiénes ; **15.** De quién ; **16.** Cuántos ; **17.** De qué ; **18.** De dónde ; **19.** A qué ; **20.** Cuál ; **21.** Con quién ; **22.** Cuántas veces ; **23.** Quiénes ; **24.** Cuántos ; **25.** A quiénes.

 * N'oubliez pas les accents aigus ! L'accent permet, en effet, de distinguer les pronoms interrogatifs (et exclamatifs) des relatifs.

 * *Adónde* peut aussi s'écrire en deux mots : *A dónde*.

16

1. b ; **2.** c ; **3.** c ; **4.** c ; **5.** c ; **6.** a ; **7.** d ; **8.** c ; **9.** c ; **10.** c ; **11.** d ; **12.** b ; **13.** b ; **14.** c ; **15.** a ; **16.** b ; **17.** b ; **18.** b ; **19.** b ; **20.** b.

17

1. SÍ ; **2.** NO ; **3.** NO ; **4.** NO ; **5.** NO ; **6.** NO ; **7.** SÍ ; **8.** NO ; **9.** NO ; **10.** NO ; **11.** SÍ ; **12.** NO ; **13.** SÍ ; **14.** NO ; **15.** NO ; **16.** SÍ ; **17.** NO ; **18.** NO ; **19.** NO ; **20.** NO ; **21.** NO ; **22.** SÍ ; **23.** NO ; **24.** NO ; **25.** SÍ.

18

   I. A 4 ; **B** 1 ; **C** 5 ; **D** 3 ; **E** 2.
  II. A 1 ; **B** 4 ; **C** 3 ; **D** 5 ; **E** 2.
 III. A 3 ; **B** 4 ; **C** 1 ; **D** 2 ; **E** 5.
 IV. A 2 ; **B** 3 ; **C** 4 ; **D** 5 ; **E** 1.
  V. A 2 ; **B** 3 ; **C** 1 ; **D** 4 ; **E** 5.

  * Pensez qu'il y a cinq formes d'*impératif* correspondant aux personnes : *tú, usted, nosotros, vosotros, ustedes.*

  * La *défense* s'exprime à l'aide de *no* + le subjonctif.

19

volvió ; acompañaba ; tuvo ; había sido ; había ; Conocía ; ese ; había ; había equivocado ; había sacado ; Al salir ; había olvidado ; había vuelto ; hubieran ; Era ; quería ; Merendó ; puso ; dijo ; empezó ; me ha pasado ; dirás ; ha pasado ; dijo ; Vete.

20

1. b ; **2.** a ; **3.** c ; **4.** b ; **5.** a ; **6.** c ; **7.** b ; **8.** a ; **9.** b ; **10.** a ; **11.** c ; **12.** b ; **13.** b ; **14.** a ; **15.** b ; **16.** c ; **17.** b ; **18.** c ; **19.** a ; **20.** c.

21

1. NO ; **2.** SÍ ; **3.** NO ; **4.** NO ; **5.** NO ; **6.** NO ; **7.** SÍ ; **8.** SÍ ; **9.** NO ; **10.** SÍ ; **11.** NO ; **12.** NO ; **13.** SÍ ; **14.** SÍ ; **15.** NO ; **16.** NO ; **17.** SÍ ; **18.** SÍ ; **19.** SÍ ; **20.** SÍ.

22

1. b ; **2.** c ; **3.** a ; **4.** a ; **5.** c ; **6.** a ; **7.** b ; **8.** c ; **9.** b ; **10.** c ; **11.** c ; **12.** a ; **13.** c ; **14.** a ; **15.** c ; **16.** b ; **17.** c ; **18.** a ; **19.** a ; **20.** b.

23

A. **1.** sabe ; **2.** sabía ; **3.** sepas ; **4.** supe ; **5.** supiera ; **6.** Sabré ; **7.** sepa ; **8.** Saben ; **9.** supimos ; **10.** sé ;

B. **1.** tener ; **2.** tiene ; **3.** tendré ; **4.** Tengo ; **5.** tuviera ; **6.** Ha tenido ; **7.** tuviste ; **8.** Ten ; **9.** tuvo ; **10.** tuvieron.

* **A. 5., B. 5.** : Remarquez l'emploi de l'imparfait du subjonctif après *sí* en espagnol pour exprimer l'hypothèse.

24

1. c ; **2.** a ; **3.** b ; **4.** c ; **5.** b ; **6.** c ; **7.** b ; **8.** c ; **9.** a ; **10.** b ; **11.** b ; **12.** c ; **13.** b ; **14.** b ; **15.** a ; **16.** c ; **17.** c ; **18.** b ; **19.** a ; **20.** b.

25

1. ¿ Dónde están sentados los alumnos ? ; **2.** ¿ Adónde van ? ; **3.** ¿ Cuándo llegaste ? (tú) ou llegó (usted) ? ; **4.** ¿ A quién está mirando la madre ? ; **5.** ¿ Para quién es este disco ? ; **6.** ¿ De quién es este coche ? ; **7.** ¿ Dónde vive ? ; **8.** ¿ Cuándo saldrán de viaje ? ; **9.** ¿ A quién se parece Paco ? ; **10.** ¿ Por quién fue escrito este libro ? ; **11.** ¿ Para qué sirve un brasero ? ; **12.** ¿ Cómo se llama este chico ? ; **13.** ¿ Qué ha pedido usted ? ; **14.** ¿ De dónde vienen Rafael y Andrés ? ; **15.** ¿ Cuántos hermanos tiene Jaime ? ; **16.** ¿ A quién evitó el coche ? ; **17.** ¿ Qué solemos escuchar ? ; **18.** ¿ Con quién está hablando Asunción ? ; **19.** ¿ Por qué no vino ? ; **20.** ¿ A quién suele ayudar ? ; **21.** ¿ Cómo va al colegio ? ; **22.** ¿ De quién era el castillo ? ; **23.** ¿ Adónde va este avión ? ; **24.** ¿ De qué se quejaban los huéspedes de la pensión ? ; **25.** ¿ Qué se oye ?

26

1. NO ; **2.** NO ; **3.** SÍ ; **4.** NO ; **5.** NO ; **6.** SÍ ; **7.** SÍ ; **8.** SÍ ; **9.** SÍ ; **10.** SÍ ; **11.** NO ; **12.** NO ; **13.** NO ; **14.** SÍ ; **15.** NO ; **16.** SÍ ; **17.** SÍ ; **18.** SÍ ; **19.** NO ; **20.** NO ; **21.** NO ; **22.** NO ; **23.** NO ; **24.** SÍ ; **25.** NO.

27

1. c ; **2.** b ; **3.** c ; **4.** a ; **5.** b ; **6.** b ; **7.** a ; **8.** b ; **9.** c ; **10.** c ; **11.** a ; **12.** b ; **13.** c ; **14.** a ; **15.** c ; **16.** a ; **17.** b ; **18.** a ; **19.** c ; **20.** a.

* Après une préposition, on emploie mí et ti au lieu de yo et tú.
* 18 : l'Académie admet également la forme *les*.

28

1. SÍ ; **2.** NO ; **3.** SÍ ; **4.** SÍ ; **5.** NO ; **6.** NO ; **7.** SÍ ; **8.** NO ; **9.** SÍ ; **10.** NO ; **11.** SÍ ; **12.** NO ; **13.** NO ; **14.** SÍ ; **15.** NO ; **16.** NO ; **17.** SÍ ; **18.** NO ; **19.** NO ; **20.** SÍ.

29

encuentre ; vinieras ; había visto ; se dio cuenta ; supe ; leas ; hacía ; ayudara ou ayudase ; venga ; valga ; supieran ; se divirtiera ou se divirtiese ; condujera ou condujese ; repitas ; conozca ; lleguen ; critiquen ; trajera ou trajese ; huyeron ; acompañara ou acompañase ; vea ; jugara ou jugase ; utilizáramos ou utilizásemos ; pudimos ; se fuera ou se fuese.

> * *Subjonctif imparfait :* contrairement au français, où son usage est tombé en désuétude, l'espagnol emploie couramment cette forme. Il existe deux formes : une en *ra* et l'autre en *se* que l'on peut employer indifféremment. Toutefois, la forme en *ra* peut avoir également valeur de plus-que-parfait.

30

1. S ; 2. D ; 3. A ; 4. Q ; 5. H ; 6. K ; 7. M ; 8. B ; 9. U ; 10. E ; 11. N ; 12. P ; 13. Y ; 14. R ; 15. I ; 16. L ; 17. F ; 18. T ; 19. C ; 20. V ; 21. X ; 22. G ; 23. J ; 24. O ; 25. W.

31

1. sepa ; 2. Fue ; 3. pidas ; 4. se detuvo ; 5. sueña ; 6. me despierto ; 7. leyendo ; 8. llegue ; 9. te calles ; 10. Hacía ; 11. asistieran ; 12. tenga ; 13. enseñara ; 14. hubiera sido ; 15. hubieras trabajado ; 16. podamos ; 17. montara ; 18. hubiera corrido ; 19. se mudaría ; 20. llueva ; 21. me llamaba ; 22. quieras ; 23. hubiera vivido ; 24. digáis ; 25. vuelva.

> * Rappelez-vous : *como si* est toujours suivi de l'imparfait du subjonctif.

32

1. en ; 2. en ; 3. con ; 4. con ; 5. de ; 6. en ; 7. con ; 8. con ; 9. de ; 10. con ; 11. de ; 12. con ; 13. para con ; 14. — ; 15. de ; 16. con ; 17. con ; 18. con ; 19. con ; 20. de ; 21. para ; 22. para ; 23. para con ; 24. en ; 25. en.

— signifie : ne se traduit pas.

33

I.	1. D ;	2. E ;	3. B ;	4. C ;	5. A.
II.	1. B ;	2. C ;	3. A ;	4. E ;	5. D.
III.	1. C ;	2. D ;	3. E ;	4. B ;	5. A.
IV.	1. C ;	2. D ;	3. E ;	4. B ;	5. A.
V.	1. E ;	2. A ;	3. D ;	4. C ;	5. B.

34

A. A. 6 ; B. 2 ; C. 4 ; D. 3 ; E. 10 ; F. 7 ; G. 8 ; H. 1 ; I. 5 ; J. 9.

B. A. 4 ; B. 2 ; C. 7 ; D. 10 ; E. 1 ; F. 3 ; G. 5 ; H. 6 ; I. 9 ; J. 8.

35

A. 1. quitarme la chaqueta. **2.** meterme en la cama. **3.** una taza de caldo. **4.** un bocadillo de jamón. **5.** víboras. **6.** minutos. **7.** nunca me equivoco. **8.** naranjada. **9.** dormir. **10.** han regalado una moto.

B. A. tengo prisa. **B.** tengo miedo. **C.** tengo razón. **D.** tengo calor. **E.** tengo suerte. **F.** tengo fiebre. **G.** tengo frío. **H.** tengo sed. **I.** tengo sueño. **J.** tengo hambre.

36

1 b ; **2.** c ; **3.** b ; **4.** c ; **5.** a ; **6.** c ; **7.** b ; **8.** b ; **9.** a ; **10.** a ; **11.** b ; **12.** c ; **13.** c ; **14.** b ; **15.** a ; **16.** c ; **17.** b ; **18.** a ; **19.** c ; **20.** c.

* Rappelez-vous que *quien* s'emploie uniquement en parlant de personnes.

37

pusieron ... en ... nos ... miraramos ... después ... colombiana ... demasiado ... apenas ... pidiendo ... algún ... los ... alguien ... ofrezca ... fueran ... verlo ... en ... frío ... ven ... bebiendo ... ellos.

38

   I. A 4 ; **B** 1 ; **C** 5 ; **D** 2 ; **E** 3.
  II. A 3 ; **B** 5 ; **C** 1 ; **D** 2 ; **E** 4.
 III. A 5 ; **B** 1 ; **C** 4 ; **D** 2 ; **E** 3.
 IV. A 4 ; **B** 5 ; **C** 1 ; **D** 2 ; **E** 3.
  V. A 3 ; **B** 5 ; **C** 1 ; **D** 2 ; **E** 4.

39

1. había dicho ; **2.** vi ; **3.** ha terminado ; **4.** había hecho ; **5.** habría (hubiera) tenido ; **6.** he dicho ; **7.** había visto ; **8.** has escuchado ; **9.** habría (hubiera) sentido ; **10.** habrían (hubieran) ; suspendido ; **11.** había montado ; **12.** habría (hubiera) llorado ; **13.** fue ; **14.** hubiéramos tenido ; **15.** se está divirtiendo ou está divirtiéndose ; **16.** habría (hubiera) comprado ; **17.** he perdido ; **18.** acaba ; **19.** os hubierais extraviado ; **20.** se cayó.

* Les formes du conditionnel passé (*habría* + participe passé) sont de plus en plus souvent remplacées par le subjonctif plus-que-parfait en *ra*. Nous faisons figurer ici cette dernière forme entre parenthèses.

* Rappel :
a) On emploie le passé composé lorsqu'une action s'est achevée dans un moment antérieur proche du moment présent (ex. : *se ha marchado hace poco*).
b) On emploie le passé simple quand une action a eu lieu dans une période révolue (ex. : *Paco llegó anoche*).

40

1. c ; **2.** b ; **3.** d ; **4.** c. ; **5.** c ; **6.** b ; **7.** a ; **8.** c ; **9.** a ; **10.** b ; **11.** d ; **12.** b ; **13.** a ; **14.** d ; **15.** c ; **16.** b ; **17.** c ; **18.** a ; **19.** d ; **20.** c.

41

1. c ; **2.** b ; **3.** b ; **4.** b ; **5.** b ; **6.** c ; **7.** c ; **8.** a ; **9.** b ; **10.** a ; **11.** b ; **12.** c ; **13.** c ; **14.** b ; **15.** b ; **16.** b ; **17.** b ; **18.** b ; **19.** c ; **20.** a.

42

Siéntese ; usted se llama ; su ; está ; fue cometido ; suyo ; utilizaron ; oyó ; cuáles ; aquella ; hice ; nada ; quedé ; mirando ; a alguien ; A quién ; Qué ; De qué ; estoy ; cuál ; quiénes ; a uno ; de nadie ; de creer ; Volveré.

43

  I. A 3 ; **B** 1 ; **C** 2 ; **D** 5 ; **E** 4.
 II. A 4 ; **B** 5 ; **C** 2 ; **D** 3 ; **E** 1.
III. A 1 ; **B** 5 ; **C** 4 ; **D** 2 ; **E** 3.
 IV. A 4 ; **B** 5 ; **C** 1 ; **D** 2 ; **E** 3.
  V. A 5 ; **B** 4 ; **C** 1 ; **D** 2 ; **E** 3.

44

1. b ; **2.** c ; **3.** a ; **4.** a ; **5.** b ; **6.** c ; **7.** b ; **8.** c ; **9.** a ; **10.** b.

45

Oye ; voy ; adónde ; peligrosas ; es ; preocupes ; este ; sé ; qué ; a quien ; estoy ; sabéis ; crees ; somos ; teníamos ; mí ; hubieran ; vengas ; somos ; nunca ; demasiado ; calla ; nada ; pueda ; saque.

* *Lo + adjectif :* l'adjectif s'accorde.
* *Demasiado :* adverbe est invariable, adjectif, il s'accorde.

* La préposition *a* accompagne obligatoirement un C.O.D. de personne. Donc, ne pas oublier qu'il précède également le relatif *quien, quienes.*
* *La concordance des temps* est un point important qu'il conviendra peut-être de réviser :

  temps présent dans la principale = subjonctif présent dans la subordonnée
  temps passé dans la principale = subjonctif imparfait dans la subordonnée.
* *Subordonnées de temps*
  Futur dans la principale = subjonctif dans la subordonnée.

46

1. caracol ; **2.** tomate ; **3.** Don Quijote ; **4.** banderilla ; **5.** carabela ; **6.** pirámide ; **7.** guitarra ; **8.** luna ; **9.** coche ; **10.** toro.

* *Tomate, pirámide, coche* sont des mots masculins en espagnol.

INDEX

Comme il est dit dans la préface, la plupart des tests de cet ouvrage traitent plusieurs questions grammaticales à la fois. Cet index ne renvoie qu'aux tests centrés sur un point de grammaire précis. On trouvera, dans les corrigés, quelques remarques grammaticales complémentaires.

Imprimerie Hérissey, Évreux 27000
Dépôt légal : Janvier 1988
Dépôt légal de la 1ʳᵉ édition : 3ᵉ trimestre 1982
Nº d'imprimeur : 44415
Imprimé en France

Dictionnaire
Français/Espagnol — Espagnol/Français

par Jean-Paul Vidal
608 p., 11 x 18, broché

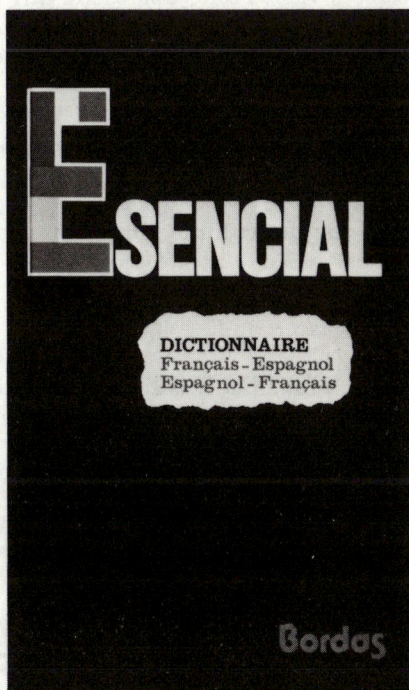

Spécialement adapté aux besoins des élèves, ce dictionnaire, d'une typographie très lisible, contient les mots essentiels et les locutions les plus courantes de la langue actuelle, de très nombreux exemples vivants, des américanismes et des notes de grammaire. Les principales irrégularités grammaticales et syntaxiques y sont relevées avec soin.

C.C.C.

CONTRÔLE CONTINU DES CONNAISSANCES
ANGLAIS-ALLEMAND-ESPAGNOL

Des tests variés auto-correctifs qui vous permettent de faire le point sur vos connaissances et d'évaluer votre niveau en anglais, en allemand ou en espagnol.

Les tests portent sur des problèmes de grammaire et de vocabulaire, des textes de compréhension et sur quelques faits de civilisation.

Dans chaque volume des cartes des pays où la langue est parlée ont été ajoutées.

TESTEZ VOTRE ANGLAIS
C. Gosset

TESTEZ VOTRE ALLEMAND
M. Bariatinsky, F. Saucier

TESTEZ VOTRE ESPAGNOL
C. Mariétan, J.-P. Vidal

Classe de 3e et de 2nde
Préparation au Brevet des Collèges
Formation permanente

13,5 × 19, 80-96 pages, broché